我生本无乡
心安是归处——白居易传

随园散人——著

台海出版社

图书在版编目（ＣＩＰ）数据

白居易传：我生本无乡，心安是归处/随园散人著
. -- 北京：台海出版社，2022.8（2024.4重印）
ISBN 978-7-5168-3316-2

Ⅰ.①白… Ⅱ.①随… Ⅲ.①白居易（772-846）-
传记 Ⅳ.①K825.6

中国版本图书馆CIP数据核字(2022)第093555号

白居易传：我生本无乡，心安是归处

著　　者：随园散人

出 版 人：蔡　旭　　　　　　　　封面设计：北京弘果文化传媒
责任编辑：曹任云

出版发行：台海出版社
地　　址：北京市东城区景山东街20号　邮政编码：100009
电　　话：010-64041652（发行，邮购）
传　　真：010-84045799（总编室）
网　　址：www.taimeng.org.cn/thcbs/default.htm
E－mail：thcbs@126.com

经　　销：全国各地新华书店
印　　刷：北京中科印刷有限公司
本书如有破损、缺页、装订错误，请与本社联系调换

开　　本：880毫米×1230毫米　　　1/32
字　　数：183千字　　　　　　　印　张：8.75
版　　次：2022年8月第1版　　　 印　次：2024年4月第3次印刷
书　　号：ISBN 978-7-5168-3316-2

定　　价：46.00元

序言

红尘万丈，你我皆是行人

人生是一场孤独的旅行。

很漫长，山高水远；很短暂，来去匆匆。

春和景明，秋风萧瑟；斜阳芳草，夜雨江湖。这些，都会在人生的途中不断呈现，纵横交织。有阴晴明暗，有浮沉起落，才是完整的人生。每个人，来到世间，便是在岁月的路上。于变幻不休的世事里，不断体味和领悟，学着淡然，学着随遇而安。

人于世事中，会寻找某些去处，安放自己。比如，山水之间；比如，林泉之下。

总之，我们希望远离喧嚷，于一隅之地，独面清闲和真实的自己。有时候，我们也愿意到遥远的时空下，像千百年前的人们那样，听风听雨，对酒当歌。

无论何时，大唐岁月都是一处清幽的所在。尽管那里也有刀光剑影，也有萧瑟荒凉，但那里更多的是，诗人们坐卧山水云烟，悠然快意，即使是冷落悲伤，也带着几分醉意翩跹起舞。

那里，有长安市上酒家眠、天子呼来不上船的李太白；有剑外忽传收蓟北、漫卷诗书喜欲狂的杜子美；有行到水穷处、坐看云起时的王摩诘；有十年一觉扬州梦、赢得青楼薄幸名的杜牧之；有深知身在情长在、怅望江头江水声的李义山。

自然，唐诗的天空下，不能少了白乐天。

白居易，香山居士。一支笔，擎起了中唐的诗酒年华。

与盛唐相比，中唐少了些雍容，多了些萧索。即便如此，诗人们仍旧把酒篱下，一副醉眼蒙眬模样。白居易就在其中，诗酒流连时，免不了对大唐日渐式微的境况长吁短叹。却也无法，万事皆有盛衰浮沉。

三分不羁，七分温雅。狂放中有寂静，淡泊中有孤独。

这就是白居易，一千多年后，他仍旧岿然立在那里，独具风骨。提到他，人们大抵会说起《长恨歌》，说起《琵琶行》。他是因诗而盛名远播的。其实，作为文人，他既有诗酒情怀，也有慈悲心肠；既能独善其身，也能兼济天下。他的诗里，有风花雪月，也有对苍生的怜惜和关照。

他是个才子，故事里不缺姹紫嫣红。年轻的时候，他深爱过一个女子，甚至发誓非她不娶。但是最终，这场爱情被世俗淹没，只留下悠悠往事，半生凄凉。而人们更愿意将他与姬妾的故事当作谈资。樱桃樊素口，杨柳小蛮腰，总被人讪笑着说起，乐此不疲。

他有很多至交，比如元稹、刘禹锡。

他们结伴红尘，流连诗酒，肝胆相照。

但是，属于他的路，他必须独自走完。他从长安去了江南。烟雨楼台，小桥流水，如果可以，他愿意长留此地，把酒吟诗。但他不能，身在仕途，就像棋盘上的棋子，注定无法选择自己的路。于是，在修筑了西湖白堤之后，他又回到了长安，继续他的宦海浮沉。但江南的人们，从不曾忘记他心系苍生的情怀。

都以为，我们走在红尘，与岁月同行亦同老。真实的情况是，岁月从未老去，老去的只有我们。

不知不觉，曾经意气风发的少年，已是白首斜阳下。

白居易饮着酒，写着诗，经历着人生起落。终究，他没有等到大唐的复兴，等来的只是自己垂老的身影。尽管如此，他仍旧在饮酒写诗，祈愿黎民安泰。

红尘如逆旅，我亦是行人。

如苏东坡所言，红尘万丈，你我皆是行人。

既是行人，便避不了夜雨潇潇。偶尔，也会邂逅柳暗花明。

人生，是一场孤独的旅行。有的人步履匆匆，有的人不慌不忙。不管怎样，总会在忽然之间发现，人生所剩无几，只有一抹斜阳，照着蹒跚的自己。

见山见水，听风听雨。都会在某年某日，戛然而止。一场旅行终究是，生不带来，死不带去。

来去，皆悄然。

目 录
contents

参考书目

卷一：白衣少年

从自己出走，向自己回归。

人生，就是这样一场寂寞的远行。

只不过，远行之人，各有各的姿态，各有各的心情。

五百年中一乐天

红尘无际。

岁月尘埃无边。

这世界，永远都是那个模样。明明暗暗之间，岁月裹挟着万事万物，浮沉聚散，无声无息。星辰日月，草木山河，静静地打量着岁月，像无情的看客。我们就在这寂静的眼神里，悄然而来，悄然而去。

于湖山烟雨，我们是赏景之人，走走停停之间，或喜或悲。其实，每个人都是独有的风景，总有星辰草木驻足停留，凝望叹息。在观赏与被观赏之间，我们寂静行走，走过山水云烟，走过聚散离合，最后远离红尘。

经过这世界，谁都避不开风雨飘零、岁月迷离。生活，是最深的谜题。我们一生都在寻找答案，却终于还是一知半解。或许，正因为不知悲欢离合的答案，人们才愿意继续前行。

流连光盏，沐雨栉风，都是生活。大多数人，悲喜苦乐难以言说，只能茫然慨叹。却也有人，蘸了时光的墨，落笔于山河草木，然后饮一杯酒，长歌当哭。

诗人，也许是最寂寞的一群人。总是这样，在远离喧嚣的地方，背对着人海，或是西风古道，匹马天涯；或是野径荒村，残灯独夜。然而，往往在最深的寂寞里，有着最明艳的灯火和最绚烂的山明水秀。

一壶酒，一轮月，一袖清风，独自的世界便有了万种风情。对诗人来说，风景不在远处，都在心里。

饮着酒，半醉半醒，所有的惝恍迷离尽数沉默，眼前有的是斜阳草木、碧海蓝天。自然，诗人吟诵的不只是风花雪月，也有悲叹哀伤，也有苦恨迷惘。只不过，有了平平仄仄，悲伤寂寞也有了几分翩然的味道。

在诗的世界里，有烟村茅舍，鸡犬相闻，也有大漠西风，长河日落；有断桥芳草，流水人家，也有金戈铁马，万里烟尘；有秋风塞北，匹马关河，也有杏花春雨，月满西楼。读一首诗，赏一阕词，就像看一处风景，感悟一场悲欢。

遥遥地望去，有人感叹草木零落，美人迟暮，那是屈原的叹息；有人采菊东篱下，悠然见南山，那是陶渊明的安恬；有人醉卧长安市上酒家，天子呼来不上船，那是李太白的狂傲；有人落笔静夜，人闲桂花落，夜静春山空，那是王摩诘的闲散；有人遥望大江东去，感叹人生如梦，一樽还酹江月，那是苏东坡的豪放；有人执手相看泪眼，无语凝噎，那是柳耆卿的婉约；有人村居，茅檐低小，溪上青青草，醉里吴音相媚好，那是辛稼轩的安逸；有人酒醒花前坐，酒醉花下眠，那是唐伯虎的寂寥；有人哀叹人生若只如初见，当时只道是寻常，那是纳兰容若的悲伤。

他们的身影，似乎永远在那里，如灯盏，照着我们，在喧杂混乱的尘世寻找些许恬淡悠然。于我们，这无垠的世界终究是未知的远方，有时辽阔，有时苍白。于是，我们总愿意让自己置身于平平仄仄之间，如那些吟风弄月之人，半醉半醒，暂时将真实的生活忘却。

因为有诗，世间的许多事，才有寄身之所。

也因为有诗，我们的许多心情，才有安放之处。

同是天涯沦落人，相逢何必曾相识。浪迹人间，总有不经意的相见别离。于是，总会想起这诗句，想起那个儒雅温柔的诗人。他是白居易。

他是中唐时期影响极大的诗人。他与元稹共同倡导新乐府运动，世称"元白"，与刘禹锡并称"刘白"。白居易的诗歌题材广泛，形式多样，语言平易通俗，有"诗魔"和"诗王"之称，有《白氏长庆集》传世。

他的诗歌主张和诗歌创作，强调通俗性和写实性，在中国诗史上占有重要的地位。在《与元九书》中，他曾说："仆志在兼济，行在独善。奉而始终之则为道，言而发明之则为诗。谓之讽喻诗，兼济之志也；谓之闲适诗，独善之义也。"

他的文学主张是：文章合为时而著，歌诗合为事而作。他是儒家思想的传承者，奉行穷则独善其身、达则兼济天下的思想。终其一生，始终心系大唐江山和天下苍生。

同时，他亦是临风把酒的诗人，喜欢山水风月，喜欢将自己安置在湖光水色之间。他喜欢，日出江花红胜火，春来江水绿如蓝；也喜欢，山寺月中寻桂子，郡亭枕上看潮头。偶尔感叹：人生非花非雾，来如春梦，去似朝云。

白居易一生著诗词文章七十五卷，计三千八百四十余篇，数量位居唐代诗人之首。他的诗歌能充分反映民间疾苦，妇孺能诵。有"诗到香山老，方无斧凿痕""歌咏佳句，尽为白公所占"等赞语。

《新唐书》如此评价："观居易始以直道奋，在天子前争安危，冀以立功，虽中被斥，晚益不衰。当宗闵时，权势震赫，终不附离为进取计，完节自高。而积中道徼险得宰相，名望灌然。呜呼！居易其贤哉！"

唐宣宗有凭吊白居易诗："缀玉联珠六十年，谁教冥路作诗仙。浮云不系名居易，造化无为字乐天。童子解吟长恨曲，胡儿能唱琵琶篇。文章已满行人耳，一度思卿一怆然。"此诗可作为白居易一生的概括。

元好问诗云："并州未是风流域，五百年中一乐天。"在《论诗三十首》"一语天然万古新"句下，元好问自注："陶渊明，晋之白乐天。"

乾隆敕编的《唐宋诗醇》对白居易的诗文和为人均给予极高的评价，认为白居易"实具经世之才"，并认为官员应以白居易的诗"救烦无若静，补拙莫如勤"为座右铭。

陈毅曾对白居易的诗给予高度评价："吾读乐天诗，晓畅有深意。一生事白描，古今谁能继？"

白居易不仅在中国文学史上占有重要地位，在世界文坛也享有很高的声誉。在韩国，古代鸡林宰相曾以百金换一首白居易的诗。在日本，醍醐天皇曾言："毕生所爱，《白氏文集》七十五卷是也！"嵯峨天皇把《白氏文集》置于宫殿之上，作为范本来考其臣民。据《中国广播报》报道，宇宙行星以中国历史文化名人命名者有二十三个，白居易为其中之一。

只不过，无论后人如何评说，他早已远去。

花非花，雾非雾。人生，终是一场寂寞的行走。来得寂静，去得匆忙。白居易亦是如此。

一支笔，一轮月，一颗赤子之心。这就是白居易。修堤筑路，安济苍生，他从不曾懈怠。然后，繁华落尽，岁月无声。他隐没身影，在香山无声地沉睡了。

他走过的日子，叫大唐岁月。

梦回斯世，故事在酒杯里翩跹摇曳。

许多人，吟诵着风月，诗酒趁年华。

近三百年岁月如歌，总有人匹马天涯，饮尽西风；总有人把酒篱下，独占风流。他们都已远去，却又仿佛永远在那里，杯里斟满月色，蘸了时光落笔。

陈子昂还在幽州台立着，"前不见古人，后不见来者"；李太白醉意朦胧，说"古来圣贤皆寂寞，惟有饮者留其名"；李商隐还在感叹，"相见时难别亦难，东风无力百花残"。最后的岁月，韦庄独立烟雨，目光凄怆："无情最是台城柳，依旧烟笼十里堤。"

这些诗人里面，有白居易的身影。

走得不徐不疾，几分落寞，几分潇洒。

有诗，人生便有归途。真好。

人生，一场寂寞的远行

从自己出走，向自己回归。

人生，就是这样一场寂寞的远行。

只不过，远行之人，各有各的姿态，各有各的心情。

有的人扬鞭跃马，叱咤风云；有的人低回冷落，悲叹哀伤；有的人笑傲江湖，纵横捭阖；有的人流连诗酒，笑看云烟。无论如何，我们空手而来，亦将空手而去。于这滚滚红尘，我们都只是匆忙经过。

白居易，也是众生中的一个。

但他注定不凡。

白居易，祖籍山西太原，到其曾祖父时迁居下邽（陕西渭南东北），生于河南新郑。新郑白家，并非侯门大户，却也是官宦世家、书香门第。只不过，若非白居易诗名垂世，无论是其祖父还是其父亲，都大概无人知晓。

据《旧唐书·白居易传》载："白居易，字乐天，太原人。北齐五兵尚书建之仍孙。建生士通，皇朝利州都督。士通生志善，尚衣奉御。志善生温，检校都官郎中。温生锽，历酸枣、巩二县令。锽生季庚，建中初为彭城令。"

白居易的祖父白锽和父亲白季庚皆是明经出身。所谓明经，是始于汉朝的选举官员的科目，至宋神宗时废除。被推举者须明习经学，故以"明经"为名。明经由郡国或公卿推举，被举出后须通过射策以确定等第而得官。在唐代，明经科与进士科是科举的基本科目。

关于祖父白锽，白居易在《太原白氏家状二道故巩县令白府君事状》中写道："幼好学，善属文，尤工五言诗，有集十卷。年十七，明经及第，解褐授鹿邑县尉、洛阳县主簿、酸枣县令。理酸枣，有善政。本道节度使令狐彰知而重之，秩满，奏授殿中侍御史、内供奉，赐绯鱼袋，充滑台节度参谋。军府之要，多咨度焉。居岁余，公尝规彰之失，彰不听，公因留一书遗彰，不辞而去。明年，选授河南府巩县令。在任三考。自鹿邑至巩县，皆以清直静理闻于一时。公为人沉厚和易，寡言多可，至于涉是非、关邪正者，辨而守之，则确乎其不可拔也。"

在白居易的印象中，祖父为人宽厚温和，平日里并不多言，但是为官清廉，正直无私，在大是大非面前，绝不含糊。晚年退居田舍，以诗书自娱，特别推崇李白和杜甫。

白居易的父亲白季庚，字子申，为白锽的长子。他秉承了父亲为官清廉、为人正直、疾恶如仇的品格。唐玄宗天宝十三载（754），白季庚参加了明经科考，一举得中，从此走上了仕途。

初入官场，白季庚为萧山县尉。天宝十四载（755），安禄山在范阳起兵叛乱，河北各州县望风而降。远在江南的白季庚上书朝廷，请求带兵参战，得到批准，被任命为左武卫兵曹参军。后来他被派往河南商丘，任宋州司户参军，负责凑集战争物资及招募兵丁。也正是这段难得的军旅生涯的磨炼，让原本书生气十足的白季庚，多了几分豪迈气概。

安史之乱平息后，大唐国力渐衰，中央对地方藩镇（节度使）的控制日渐削弱。大历十四年（779），唐德宗李适继位。建中元年（780），白季庚因功受到提拔，前往徐州做了彭城县令。当时的徐州，归东平道管辖。东平道治所在今天的山东泰安，辖区包括山东、河南、江苏的部分州县，其节度使的实力非常雄厚。

白季庚赴任彭城县令不久，就发生了一件大事，东平道节度使李纳谋反，檄文刚出，就派重兵屯驻埇口城（今江苏宿州），控制了汴河漕运，兵锋直指富饶的江淮。

彼时，徐州周边的州县皆响应李纳的号召，与朝廷为敌。而且徐州刺史李洧，是李纳的堂叔父。生死存亡之际，白季庚赌上了一家老小的性命，力劝李洧平叛。李洧听从了白季庚的建议，积极备战，同时派人奉表星夜赶往京师求援。

在徐州城被叛军重重包围，城内几无军队，朝廷援兵又迟迟无法抵达的情况下，白季庚将城内官吏全部组织起来，还发动民众参军，很快组成一支千余人的队伍。战争中，他身先士卒，不畏生死。史书记载，"亲当矢石，昼夜攻拒"。结果，白季庚率区区千余人，守城四十二日，终于等来了朝廷援兵，内外夹击，击败了叛军。

由于白季庚战功卓著，唐德宗非常欣赏，不断给予嘉奖，先是破格提拔他为朝散郎，享受朝散大夫的待遇，擢拜徐州别驾，赐绯鱼袋，兼徐泗观察判官；后又升他为检校大理少卿，徐州知州兼团练判官。其后，又将他调为检校大理少卿，兼衢州别驾，再兼襄州别驾等。

与父亲相比，白居易少了些豪迈，多了些温雅。

但他亦如父亲心系大唐江山，始终存着济世安民之心。

安史之乱发生后，关中地区狼烟四起。平乱之后，大唐名为统一之邦，实际上藩镇割据愈演愈烈，关中成为藩镇争夺的首要目标，大唐东西二京之间，已无片土之安。生活于此的人们终日惶惶，无奈之下，纷纷举家而迁，避乱他处。

时任河南巩县县令的白锽意识到，下邽已非安居之地。新郑县令与他交好，白锽曾数次游历新郑，见新郑人杰地灵，又见离巩县不远的新郑东郭村景色优美，民风淳朴，实乃辞官归隐的好去处，不久后，便举家迁到了此处。

每个人的人生，都要由自己来书写。起承转合，都独属于自己。无论家境如何，无论先辈是何身份，我们都必须以自己的身体和生命，来体会属于自己的悲欢苦乐，没有人可以取代。相比而言，白居易更像其祖父，乐山乐水，沉静温雅。但他骨子里，有从未褪色的坚守。

白居易是以诗人的身份被世人熟知和铭记的，但他绝不仅仅是个诗人，他还是个心系苍生的好官。同时，他还是个看淡浮名虚利的信佛之人。不管怎样，他都要在人生这场悠长的梦里，独自行走。

如凡尘中的你我，他的人生亦是浮沉跌宕。有欢喜，有悲伤，有波澜不惊，有生死无常。不管怎样，他走得寂静而坦荡。

就像个赏景之人。

零落人间

红尘如泥，亦如海。

生命如尘埃，飘飘荡荡，浪迹天涯。

落定的时候，也便是归去的时候。

同时，生命亦如种子，在无垠的大地上落地生根，开花结果，长出悲喜苦乐，长出浮沉聚散。然后，某年某月，落叶归根，寂然而去。于生命，这样的过程，是无奈，亦是圆满。

河南新郑东郭村，是白居易出生的地方。

那里山明水秀，人杰地灵，一派田园气息。白家虽不甚显赫，却也是世代簪缨。

唐代宗大历七年（772）正月二十日，白居易出生。幽静的村落，冬日寒气仍在，但白家大院里，自六十六岁的白锽以下，全家人皆无比欢喜。

传说在白居易出生之前，白季庚做了个奇怪的梦。新郑是轩辕黄帝故里，白季庚梦到了轩辕黄帝。在他的梦里，年轻威武的轩辕黄帝，正在他此时居住的东郭村求见一位隐居的世外高人，但是高人始终不曾出门相见。

在轩辕黄帝一筹莫展之时，突然间雷雨大作，高人所在的茅屋在风雨中摇摇欲坠，只见高人面不改色，一副淡然模样。轩辕黄帝赶忙命人为其修葺茅屋。没想到，轩辕黄帝此举却遭到高人门下童子的制止。无奈，轩辕黄帝只好亲手在高人门前种了一棵松柏，然后悄然而去。

多年后，轩辕黄帝所植松柏已成参天大树。大雨来袭，高人所在的茅屋受松柏荫庇，丝毫不受侵袭。高人感念轩辕黄帝的恩德，决定出山辅佐，后建立了不朽功勋。

或许白季庚做梦一事，只是民间杜撰。白居易诗名远播，人们便认定其生而不凡，也便愿意杜撰出这样的奇闻逸事。

于整个世界，那只是寻常的一日。但于白氏一族，那是个极不寻常的日子。只不过，那时候没有人会想到，这个甫降尘世的孩子，将会名闻天下。

每个人，都是偶然间降落尘世的。

未来所见，绚烂或是黯淡，无人知晓。

只有真正上路，才会触及真实的世界，渐渐呈现该有的迹象。白锽为这个刚出生的孩子取名居易，大概是希望他在并不祥和的世界里，活得平静顺遂。可惜，纵观白居易一生，有过岁月凉薄，有过宦海浮沉，少有真正安稳的时候。

此时，已是大唐王朝的中期。此时的大唐，大厦虽未倾塌，但王朝已是江河日下。杜甫依稀记得开元盛世河清海晏、四海升平的景象。他在《忆昔》中写道：

忆昔开元全盛日，小邑犹藏万家室。

稻米流脂粟米白，公私仓廪俱丰实。

九州道路无豺虎，远行不劳吉日出。

齐纨鲁缟车班班，男耕女桑不相失。

宫中圣人奏云门，天下朋友皆胶漆。

然而，即使是杜甫在世的时候，大唐王朝也早已不复盛世华年景象。安史之乱虽已平定，但藩镇割据对抗朝廷的痼疾不仅没有根除，反而愈演愈烈。各藩镇节度使都争先恐后地将朝廷的土地据为己有，而吐蕃、回纥的进犯也让破落的朝廷如坐针毡。

除此之外，宦官专权，以及朋党之争亦使朝政无法稳定，皇帝也无能为力。曾经鼎盛的王朝，注定要在风雨飘摇中逐渐衰落，直至覆亡。从前，王朝稳定，民生安泰，风光无限。此时，上至朝廷，下至庶民百姓，皆处动荡不安的状态中。政局混乱，经济萧条，军事衰弱，民生凋敝，可谓千疮百孔。

白居易出生时，距安史之乱爆发刚十七年，那是一个险象环生、危机四伏的时代。大唐的统治者也曾想力挽狂澜，做过复兴之梦，也有过切实的措施。然而，无论是白居易早年经历的永贞革新，还是晚年目睹的甘露之变，均以失败告终。终究，大唐帝国只剩残破山河，以及动荡飘零的岁月，所有的努力都无法扭转其衰亡的命运。

不管怎样，那仍是一个诗意的年代。江山动荡也好，岁月飘摇也好，诗人从未放下酒杯和诗性。他们徘徊于朝堂与山水之间，擎着酒杯，描摹山川天地，书写诗酒年华。于诗，繁盛有繁盛的壮美，颓丧有颓丧的凄美。总之，诗心不灭，万物便有寄身之处。

白居易出生时，王维已去世十一年，去得寂静安详，印象中的他还是行到水穷、坐看云起的模样；李白已去世十年，只剩一个飘然无尘的背影和一段孤傲不群的往事，被世人津津乐道；杜甫已去世两年，但人们都记得他心忧天下的从前，也记得他"安得广厦千万间，大庇天下寒士俱欢颜"的愿望。

这一年，韩愈五岁，张籍七岁，孟郊二十二岁。这一年，刘禹锡出生于河南洛阳；一年后，柳宗元出生；七年后，元稹、贾岛出生；十八年后，李贺出生。

这些人，以诗人之手，撑起了中唐诗的天地。

只有在他们的诗里，那段黯淡的岁月才有几分光亮。

天地草木，湖山风月，都在他们的酒杯里。

自然，酒杯里还有他们漫长的叹息。

毕竟那样荒凉的年代，身为文人，他们不可能只醉心风月。社稷安危，黎民疾苦，时时牵连着他们的悲喜。只是岁月注定凄凉，世事注定凌乱，他们无能为力。于是徒叹奈何的时候，他们只能将自己交还给山水云月，饮一壶酒，写几首诗，叹几声人生如梦。

白居易就是其中一个。

空有济世之心，苦无回天之力。

久了，便只能退身林泉，安慰自己，随遇而安。

不过，那都是后话。此时的白居易，才刚降落尘世。世界纵有万千伤痕，在他眼中也是日色倾城、清风拂面。在家人的万般呵护下，他的身边只有温暖。

尚在襁褓中的白居易便表现出了不同寻常的聪慧。据说，在他很小的时候，母亲便经常将他抱到屏风前，教他看画识字。在他六七个月的时候，他就能准确地认出"之"和"无"两个字了。家里人见他灵透，经常拿着诗书让他认这两个字，从未出错。未久，幼小的白居易就以神童闻名乡里了。如此聪慧的白居易，也让家里人欣喜异常。尤其是祖父白锽、父亲白季庚和母亲陈氏，都对他寄予了厚望。

白居易还不足两岁的时候，祖父因病离世。白季庚将父亲安葬在新郑，让他与此地的山水为伴。同时，白季庚也开始了三年的丁忧，得以与家人团聚，享受天伦之乐。乱世之中，那是一段难得的安谧时光。对白居易来说，那是极其快乐的童年。幼学之年，读书认字，他都显露出非比寻常的聪颖灵慧。

白居易的母亲陈氏是白季庚的续弦妻子，小白季庚二十余岁。陈氏生于书香门第，其父陈润亦是明经出身，文采不菲。受父亲影响，陈氏熟读诗书，精通诗律。同时，她又是个温柔贤惠的女子，对白季庚发妻的孩子，从不嫌弃，照顾有加。

后来，白季庚丁忧期满，被调到宋州做司户参军。

白季庚赴任而去，陈氏开始教白居易读书写字。白居易在《襄州别驾府君事状》中，曾这样描述母亲对他们兄弟几人的教导："又别驾府君即世，诸子尚幼，未就师学，夫人亲执《诗》《书》，昼夜教导，恂恂善诱，未尝以一箠一杖加之。十余年间，诸子皆以文学仕进，官至清近，实夫人慈训所致也……"聪颖的白居易，在陈氏循循善诱的教导下，进步神速。他喜欢读书，也喜欢母亲温柔的陪伴和教导。他的聪慧，让母亲十分欣慰。

事实上，母亲教给白居易的，除了诗文知识，还有做人的道理。做人要正直善良，要有担当，要心怀天下苍生，要有兼济天下的胸怀。成长中的白居易，渐渐明白了这些。

现在的白居易，正处于无忧无虑的年岁。

他的身边，有母亲的温柔，有清风细雨，蛙鸣蝉躁。

外面的世界，流光黯淡，世事多艰，他都不知道。

他是翩翩少年，少年不识愁滋味。

小娃撑小艇，偷采白莲回

一生，不过是刹那的浮光掠影。

还未看遍春花，转眼已是秋凉万里。

不管怎样，我们都需要带着一颗赏景之心，走过四季，越过沧桑。

年少时光，最是清淡疏朗。后来的岁月，每每忆起童年，总是唏嘘不已。终究，人生是一场单程的旅行，只能前行，并无退路。过往如云烟，再温暖也只能回忆，无法回归。

此时，幼小的白居易，在新郑的烟村小巷里。

山的巍峨，水的清澈，云的自在，风的轻柔，都在他身边。当然，还有温柔的母亲。

生命的最初，日子清浅，不见寒凉。

白居易如无数稚嫩的童子，尽情奔跑，肆意欢笑。纯真的眼神，偶尔望着天空，望向未知的远方。他不知道，远方的大地上，兵荒马乱，世事如冰；他不知道，人生是一场苦涩的修行，能修得恬淡从容，便是圆满。少年无须知晓人生苦短，岁月凉薄。斜风细雨中，有他自在的年岁。

小娃撑小艇，偷采白莲回。

不解藏踪迹，浮萍一道开。

《池上二绝·其二》中所写是白居易笔下的童年生活。池塘中莲叶田田，小娃偷偷地撑着小船去摘了几朵白莲花，又赶紧划了回来，天真地以为无人知晓。然而，小船驶过，水面原本平铺着的密密的绿色浮萍分出了一道水线，泄露了他的踪迹。

年少时光，就在这样的欢乐中，渐渐成了一幅画。寥寥数笔，微风浅草，细雨烟村，少年在里面，轻灵快意。一路奔走，出了画面，走向一条叫作人生的长路。

白居易的确是生而不凡。在他快乐的童年生活里，有清风细雨，也有此后从未放下的诗书。早慧的他，两三岁就能准确地认出祖父和父亲的名字。

白居易的神童之名，在新郑东郭村可谓无人不知。在人们的印象中，白居易自幼便不同寻常，不仅天资聪颖，而且温厚善良，虽是官宦子弟，却能平易近人，丝毫没有傲慢之气。

此时，他是灵慧的少年。

后来，他是淡泊的诗人，亦是温厚的官员。

他的灵慧，少时表现在对于文字、诗书的珍爱和熟稔，多年以后变成了对于人生和世事的领悟。驳杂繁乱的世事，让无数人迷惘。而他则以天生的智慧，明白了进退之道，学会了随遇而安。历经宦海浮沉，终于还是淡然地走了出来。似一叶扁舟，于无垠沧海里，漂漂荡荡，终于到达了彼岸。

幼小聪慧的白居易，有时候也能为邻里解决一些问题和争端。一日清晨，两个邻居皆认为一只芦花鸡为自家所有，为此争吵不休，几欲拳脚相向。村里人提议报官，白居易提议，将芦花鸡放下，它认得自家，回到哪家便属于哪家。事情迎刃而解，众人对年幼的白居易赞赏不已。

儿时的白居易，在读书认字的时候，渐渐对诗歌产生了兴趣。据《与元九书》载："及五六岁，便学为诗。"此外，据《白氏长庆集》序载："读书勤敏，与他儿异，五六岁识声韵。"

日子如流水。转眼间，白居易已是个八九岁的少年。此时的他，对诗词音律的兴趣愈加浓厚。《与元九书》载："九岁谙识声韵。"

白居易年岁与学识渐长，母亲对他寄予厚望，此时教他读书已是力不从心。于是，她想到了自己的父亲，便修书一封，请父亲来新郑教授白居易兄弟几人的学业。陈润年事已高，早已辞官，过着田园生活。他早就听说白居易天资聪慧，对这个外孙颇感兴趣，便欣然答应了女儿所请。

很快，陈润就赶到了新郑。无比聪慧的白居易让这个白发苍苍的老者欢喜不已。陈润性情豪爽，喜欢把酒赋诗。在他的精心教导下，白居易对诗的理解越来越深，赋诗的能力可谓一日千里。

有时候，陈润会和白居易说起历代诗人，说起陶渊明，说起李白和杜甫。自然，他希望自己的外孙有朝一日能成为国之栋梁，也能成为声名远播的诗人。只不过，这位老先生不曾想到，多年以后，白居易会与李白和杜甫齐名，被世人千年怀念。

陈润见白居易学识进步很快，甚是欣慰。可惜，他没有看到白居易出人头地，更没有看到白居易诗名盖世。白居易十岁的时候，陈润和妻子先后去世，白居易悲伤了很久。

不管怎样，白居易还是个翩翩少年，还要继续苦读诗书。白居易读书极为刻苦，总是废寝忘食，以至于口舌生疮，手都磨出了茧。即便如此，他仍旧坚持苦读，不敢有丝毫懈怠。据《与元九书》载，白居易"昼课赋，夜课书，间又课诗，不遑寝息矣。以至于口舌成疮，手肘成胝"。

读书之余，白居易时常写诗。据《墨客挥犀》载：某天，他在田埂上吟诗，一位老婆婆听到后说："你的诗我听不懂，算不得好诗。"白居易觉得有道理，改了数次，直到老婆婆听懂才作罢。此后他每每写诗，总要去那里念给老婆婆听。事实上，终其一生，白居易所写之诗都力求平易，深入浅出。

少年白居易在新郑的青山绿水之间，恣意成长。他一生最快乐的时光，就是在那个寂静的山村里，鸟鸣深涧，日落炊烟。他聪颖灵慧，读书，写诗，想象着遥远却又近在咫尺的未来。

未来，是聚散离合，是山高水长，转眼就能抵达。而且，再也回不到从前。

据《新郑县志》记载，离开新郑四十四年后，白居易曾重回故里。那日，驻足于老宅之前，昔日时光历历在目，不胜唏嘘。人生匆忙，稚嫩的少年转眼已是满头清霜。感叹之余，白居易写了《宿荥阳》：

生长在荥阳，少小辞乡曲。

迢迢四十载，复向荥阳宿。

去时十一二，今年五十六。

追思儿戏时，宛然犹在目。

旧居失处所，故里无宗族。

岂唯变市朝，兼亦迁陵谷。

独有溱洧水，无情依旧绿。

新郑郭村，有着白居易的童年。那里，有慈祥的母亲，有情深的兄弟，有温柔的月光，有清澈的云水。自然，还有他苦读诗书的时光，以及吟诗的身影。天空湛蓝，大地安详。忆起，一场惆怅，一场哀愁。千余年后，李叔同重回故里，也是同样的心境，如他在《忆儿时》中所写：

春去秋来，岁月如流，游子伤漂泊。

回忆儿时，家居嬉戏，光景宛如昨。

茅屋三椽，老梅一树，树底迷藏捉。

高枝啼鸟，小川游鱼，曾把闲情托。

日子，在少年的手中，清淡如歌。

无论是谁，年少时光都是一场翩然的幻梦。

忆起来，水声潺潺，风和雨细。

画面太美，却再也回不去。

红尘辗转

世界辽阔，岁月迢迢。

我们能看到的，往往只是一隅风景。

永远是这样，此间山重水复，彼处柳暗花明；这里田园寂静，那里烽火连城。在这个苍茫的世上，没有绝对的宁静安详，有的是无休的风云变幻。

白居易还在新郑的明山净水之间，安度童年时光，外面的世界，却是一片凌乱。从朝堂到乡野，从中央到边疆，几无宁日。此时，唐代宗已驾崩，大唐帝国的顶端，坐着的是唐德宗。

唐德宗李适，是唐肃宗李亨的长孙，唐代宗李豫的长子。天宝十四载（755）十一月，李适十四岁时，安史之乱爆发。次年长安失守，唐玄宗出逃蜀中。李适和其他皇室成员饱尝了战乱和家国之痛，也亲身经历了战火的洗礼。

唐代宗继位后，李适被任命为天下兵马大元帅，肩负起与叛军余孽最后决战的使命。在平定安史之乱之后，李适因功而受封为尚书令，与平叛名将郭子仪、李光弼等八人一起被赐丹书铁券、登凌烟阁。

大历十四年（779）五月，唐代宗病逝于长安宫中。李适继位，时年三十八岁。

李适在位前期，以强明自任，坚持信任文武百官，严禁宦官干政，用杨炎为相，废租庸调制，改行"两税法"，颇有一番中兴气象。后来他任用幸臣卢杞等，增收间架、茶叶等杂税，致使民怨日深、政局转坏。建中二年（781），李适发动削藩战争，致使二帝四王之乱接连爆发，自己辗转奉天、梁州等地。

李适在位期间，内部兴起了古文运动；对外关系上，他联合回纥、南诏，打击吐蕃，成功扭转对吐蕃的战略劣势，为"元和中兴"创造了较为有利的外部环境。

白居易年岁尚小，帝王更替似乎与他并无关系。

他在诗书里尽情游走。偶尔拾起韵脚，赋予山水云月。

但是，安稳的日子即将画上句号。

据《襄州别驾府君事状》记载，建中元年（780），白季庚由宋州司户参军转徐州彭城县令。节度使李正己去世，其子李纳继之为节度使。建中二年（781）正月，面对藩镇割据的凌乱局面，唐德宗决定分兵讨伐，经过缜密的分析和部署，征讨队伍分为两路，一路征讨成德节度使李惟岳，另一路征讨魏博节度使田悦。

烽烟弥漫，铁马金戈，这是战争的外衣。

真实的战争，往往是以万千生命凋零于无声为底色的。

血腥、凌乱、废墟、白骨。这些，才是战争真正的模样。无论何时，战争的结果总是：生命凋落，大地荒凉，哀鸿遍野，民不聊生。

两路征讨战争依次打响，战火绵延千里。征讨田悦的战争，双方交战数次，朝廷用兵乏术，对田悦的军队毫无办法，屡战屡败，战争由正月持续到了六月。不久，朝廷又派淮宁军节度使李希烈联合各路大军征讨占据襄、邓、均、房等七州之地的襄阳节度使梁崇义。关键时刻，李纳背叛朝廷，投靠梁崇义。为了支援梁崇义，李纳派重兵把守徐州浦口，企图截断运往汴河航道的粮草。

徐州刺史李洧是李纳的堂叔父，在他犹豫不决的时候，白季庚力劝他归顺朝廷，抗击叛军。李洧采纳了白季庚的建议，李纳怒不可遏，立即派兵围攻徐州。生死存亡之际，白季庚劝服官吏和民众死守徐州城。他身先士卒，舍生忘死，与民众一起作战。在他的鼓舞和带领下，徐州百姓坚守四十二日，力保城池不失，待援兵赶来击溃了叛军，保卫了大唐帝国的水路运输动脉，使叛军东窥江淮的图谋落空。

此战虽不算经典战役，但白季庚不畏生死、英勇抗击叛军的精神和勇气，让白居易每每想起都十分感动。在父亲的精神感召及儒家思想的熏陶下，白居易渐渐树立了兼济天下、为国为民的人生志向。

不久后，白季庚因抗击叛军有功，受到朝廷嘉奖，官升徐州别驾，授绯鱼袋，充徐泗观察判官。建中三年（782）秋天，战火绵延到了白居易的故乡新郑。李希烈背叛了朝廷。随后，李纳、田悦、朱滔、王武俊等人各自占地称王，公然与朝廷对抗。

建中四年（783）正月，李希烈自称天下都元帅，率领自己的军队攻陷了汝州，不久又攻陷了汴州，东都洛阳一片惊慌。朝廷大为惊恐，派兵征讨，却是屡尝败绩。十月，泾原军五千增援襄城，途经长安，又发生了泾原兵变。叛乱的泾原军占据长安，德宗出逃奉天（今陕西乾县）。后依靠大将李晟、浑瑊等平叛。

兴元元年（784），德宗回到长安。同年，朔方节度使李怀光与部分宦官、藩镇将领矛盾激化，举兵反叛，德宗派浑瑊与河东节度使马燧、镇国节度使骆元光等率军讨伐，于次年七月平定叛乱。

彼时的河南境内，战事频仍，烽烟四起。人们开始举家搬迁，以躲避战火。白季庚担心家人安危，焦急万分，决定将家人接到徐州附近的符离居住。于是，白居易随家人离开了新郑，开始了乱世的漂泊。

符离隶属于安徽宿州，地处宿州、淮北和徐州三市之间。符离因北有离山、地产符草而得名，始建于周，战国时属楚，秦始皇统一六国后推行郡县制时成县。唐代符离县属河南道徐州所辖。

符离是古战场，楚汉相争、宋金"符离鏖兵"、明代燕王"靖难之役"都曾在这里发生。同时，人杰地灵的符离，自古就是名流的钟情之地。韩愈、皮日休、白居易、吕本中等都曾寓居于此。

人生，本就是一场旅行。

走走停停，辗转漂泊，没有真正的归途。

或许，所谓归途，不过是内心安宁。

新郑，安放着白居易的年少时光，一切都是那样安详温暖。但是现在，白居易离开了这里。

走的时候，正是清晨。晨光熹微的时候，一家人带着回忆离开了故土。回头时，老宅立在原地送别他们，无声无息。熟悉的山水草木渐渐模糊，渐渐没了温度。白居易走在人群里，沉默着，目光凄楚。就像许多远离故土的人，他割舍不下故乡的林山草木、流水小桥。却也没办法，他只能离开。

人生中有许多事是无法选择的，我们能做的只是顺其自然。白居易已经上路，远远望去，是个俊朗而又悲伤的少年。

有些离开，是为了更好地归来。

而有些离开，则是永远的山水迢递。

道声"安好"，故乡便成了异乡。

青梅竹马

红尘路远，归途难觅。

山一程，水一程，道路的前头仍是道路。无论身在何处，最重要的是，把心安顿好。正如苏东坡在词中所写：此心安处是吾乡。

符离，是十一二岁的白居易落脚的地方。白居易在《宿荥阳》一诗中写道："去时十一二"。初至符离，白居易甚感落寞。陌生的地方，山河草木，皆不是家乡的模样。他总是独自立在窗前，望着远方，回忆无忧无虑的从前。背井离乡，身处异地，大抵都是这般光景。

事实上，白居易除了眷恋故土，也时常为世间苍生而忧心。他虽年少，却已知晓，战火无情，所到之处，必是民不聊生。一颗柔软的心，已经开始为黎民百姓而疼痛了。

幸好，有诗书为伴，有母亲劝慰，白居易才能感觉到踏实和温暖。不管在哪里，书永远是他最愿意置身其中的地方。他深知，只有苦读诗书，才能知晓天下之事，才能分辨世事真伪，才有能力安民济世。

不久之后，白居易的生活又渐渐变得明朗了起来。符离，这个日后被他视作第二故乡的地方，虽算不得名胜之地，却也是钟灵毓秀、水净山明。符离本是因草得名，草因为形状似符而被称为"符"，而"离"则有形容草木茂盛之意。

白居易到底有一颗诗人的心，很快就发现了此地的美丽。草木葳蕤，云水相映，实为隽永清秀之地。在这里，白居易度过了一段翩然时光。渐渐地，他开始外出，到山水之间，看云看水，寻幽访胜。

不久，他发现了一处很喜欢的地方：流沟寺。

绿水青山之间，树木蓊郁之处，古刹安详。

那里没有喧嚷，没有凌乱，只有钟声敲击着岁月。

白居易曾为流沟寺的古松题诗，即《题流沟寺古松》：

烟叶葱茏苍尘尾，霜皮驳落紫龙鳞。

欲知松老看尘壁，死却题诗几许人。

流沟寺，原本籍籍无名。除了一个唐朝僧人提起过，后人对此寺几乎没有记载。这处深山古刹却因为白居易的诗，被人们所知。于白居易，流沟寺是个安谧的所在。他喜欢停步于此，或立或坐，听着禅院钟声，感受生命的寂静，为天下苍生默然祈福。他还写过一首《乱后过流沟寺》：

九月徐州新战后，悲风杀气满山河。

唯有流沟山下寺，门前依旧白云多。

战火，依旧在大地上蔓延。

马蹄声乱之处，无数生命凋零于尘土。

更多的是，流离失所，无处依凭。

流沟寺的安详清静，恰好反衬着远方的混乱喧嚷。伫立于此，白居易一次次心痛。然而，朝廷软弱，社会黑暗，时局动荡，莫说他这个少年，就是江山之巅的皇帝，也无能为力。

在符离，白居易结识了在当地颇有声名的"符离五子"：刘翕习、张仲素、张美退、贾握中、贾沅犀。他们性情相投，惺惺相惜，曾经互相勉励，苦读诗书，最后"齐入文场同苦战，五人十载九登科"。骄人的成绩也使符离一度声名远播。

刘翕习比白居易年长十岁，贞元初中进士，这对白居易的科举之路无疑是极大的鼓励。一句"得意忘年心迹亲"，可以看出白居易对刘翕习的仰慕；"偶语闲攀芳树立，相扶醉踏落花归"，体现了白居易与刘翕习把酒吟诗的高雅情怀。

都是文人雅士，闲暇之时，白居易也与好友们泛舟同游，吟诗作对，共醉湖山月色，尽兴而归。正如他在诗中所写："张贾弟兄同里巷，乘闲数数来相访。雨天连宿草堂中，月夜徐行石桥上。"山水之中，吟风弄月，极是风雅。

白居易与"符离五子"交情深厚，后来各自天涯，仍旧时常挂念故友。离开符离后，他曾多次来这里探望隐居不仕的刘翕习和贾氏兄弟。

文人相交，无非诗酒风月。

性情相投，情怀相似，自可把酒言欢。

寂寞的人生，因此有了滋味，也因此有了欢愉。

在符离，白居易遇见了那个让他一生牵挂，亦一生愧疚的女子。她叫湘灵，小白居易四岁。

他们比邻而居，不久便认识了。他是翩翩少年，而她虽是农家女子，却天生丽质，蕙质兰心。小小的两个人，在南方小镇，春波碧草之间，开始了一段故事。

> 郎骑竹马来，绕床弄青梅。
> 同居长干里，两小无嫌猜。

故事的开头，如李白这首《长干行·其一》中所说，青梅竹马，两小无猜。

日子清朗，岁月温柔。两个人各自欢喜。

不管结局怎样，我们喜欢那些静谧光阴里的乍见之欢。如流水，如浮云，淡静而又轻柔。

那时候，白居易读书之余，经常与湘灵一起嬉戏玩耍，也会教湘灵读书写字，湘灵喜欢唱歌给他听，他喜欢牵着湘灵的手，在白云蓝天下肆意欢笑，在温软的清风里安置青春。自然地，喜欢被他牵着，从小镇的这头到那头。后来湘灵想，若被他就那样牵着，从人生的开始到结尾，该有多好！

不谙世事的两个人，情愫暗生。

时光在他们牵着的手中，细细无声，却又分明有他们恣肆的笑声。

多年以后，人各天涯，翻开回忆，满心凄凉。画面里，有风轻云淡，有花开春暖，有互生情愫的两人，牵着手走过时光。走着走着，走出了小镇，走出了故事。后来，陌上花开的时候，他们失散了，了无消息。

歌中唱道："回忆像个说书的人，用充满乡音的口吻，跳过水坑，绕过小村，等相遇的缘分；你用泥巴捏一座城，说将来要娶我进门，转多少身，过几次门，虚掷青春。小小的誓言还不稳，小小的泪水还在撑，稚嫩的唇，在说离分。我的心里从此住了一个人，曾经模样小小的我们，那年你搬小小的板凳，为戏入迷我也一路跟；我在找那个故事里的人，你是不能缺少的部分，你在树下小小地打盹，小小的我傻傻等……"

这世上，除了时间，没有永恒之物。

或许，于爱这件事，一刹欢喜，即是永恒。只是，人们总免不了奢求地久天长。

于是，在离散发生的时候，慨叹命运，咒骂无常。

青梅竹马的故事里，离别很快就上演了。战争不曾休止，徐州等地仍不平静。贞元元年（785），为了家族命脉的延续，白家人经商量决定，将孩子们分别送往相对安稳的地方避难。白居易被安排前往越中，即今日的浙江绍兴地区。《吴郡诗石记》载："时予始年十四五，旅二郡（指苏州、杭州）。"

白居易知道，父辈如此安排自有深意，不能违拗。辞别了"符离五子"，他就上路了。甚至，没来得及与湘灵道别。

人间路远，关河迢递。

所有的离别，都意味着各自天涯。

但人们总会安慰自己：离别是相聚的开始。

那日，湘灵如常来到白居易的住处，轻敲他的窗户，却没有回音。她终于知道，她的居易哥哥已经离开了符离，去了越中。她只能暗自祈祷，希望他一路平安，希望他万事和顺。当然，她更希望，他能早日回来，让那段灿烂的故事得以圆满。

可惜，尘世间并无圆满之事，有的只是刹那的欢喜。就像月到圆时便会亏缺，花开盛处便会凋零。

白居易离开符离，到了越中。离别的感伤在心中，他多日闷闷不乐。那些天，他总会想起符离，想起那里的云烟山水，想起母亲，想起朋友。当然，他最想念的，是那个叫湘灵的灵秀女子。渐渐长大的湘灵，出落得明净淡雅，如出水芙蓉。但是现在，他们之间隔着漫长的道路，还有世事无常。

不过，终究是少年人心性。感伤渐渐淡去的时候，白居易终于有心情欣赏眼前的事物。他所在的地方，叫江南。小桥流水，烟雨画桥，是梦里的模样。他后来忆及江南，在《忆江南三首·其一》中写道：

江南好，风景旧曾谙。
日出江花红胜火，春来江水绿如蓝。能不忆江南？

江南，是无数人心之所向，更是诗人们流放情怀、醉吟风月的地方。白居易也不例外，他喜欢江南的云水，也喜欢月光照拂的今古风流。

古镇上，人来人往，有贩夫走卒，有文人墨客；小楼上，才子佳人，对酌欢笑，相对流年；雨巷里，油纸伞下，女子悠然走出，几分落寞，几分惆怅；画船上，诗酒流连，醉意朦胧，无限风雅。水光里，有旧时的寂寞，也有此时的安恬。

　　小镇之上，云水之间，有那翩翩少年的身影。

　　读着书，寂静不语。偶尔冥思苦想，偶尔遥望远方。远方太远，越过山水千重，仍是远方。

　　所幸，江南很近。他就在里面。

卷二：丰盛年华

人生如戏。

起承转合，唱念做打，丝丝入扣。

粉墨登场，舞步旋转，终要以落幕后的灯火暗淡为结尾。

但我们，必须上场。

共看明月应垂泪

身处尘世，总要不停辗转。

南北西东，春秋冬夏，经过的都是风景。

或许，所有的辗转，都是为了寻找归程；又或许，辗转本身，就是归程。其实，我们从出生开始，就在走一条回归的路。原本，出发就是回归的开始。

白居易从离开故里开始，一直在辗转漂泊。人生聚散，命运多蹇，宦海浮沉，他都经历过。好在他有颗豁达之心，总能随遇而安。历经生命浮沉，仍旧优雅地活着，笑看风轻云淡。

如今，他在江南，苦读诗书，坐看云水。

水光里，倒映着翩翩少年，像一幅画。

对他来说，江南是一首诗，亦是一场不愿醒转的梦。

如果可以，他愿意永远将年华与情怀安放在这里，枕着山光水色和一帘多情的月，诗酒度人生。如果可以，他希望属于他的江南梦里，有一个叫湘灵的女子。她为他煮酒，他为她写诗，从少年到白头。但是很可惜，他是白居易。他的人生，不能只属于江南。他注定要游走四方，经历繁华和萧瑟，感受欢喜和寂寞，然后看透世事，淡然从容。

此时的白居易，已是俊雅的少年。灿烂的年华，盛放在江南的云水之间，有遥远的梦想，亦有淡淡的愁绪。读着经史子集，想象着未来某天，考取功名走入仕途，做一名称职的心怀天下的好官，心里有些暗喜。转念之间，脑海中又是民生凋敝、世事浇漓的画面，忍不住默然叹息。

江南固然是云水相照，人杰地灵，但是许多日子，白居易总是忆起从前，忆起故乡，忆起符离，忆起母亲和兄弟，忆起那个叫湘灵的少女。回忆久了，总会泪眼迷离。家人至少还有书信往来，得知家人安好，心里也能略感安慰。而湘灵，离别以后杳无音信，他的挂念总会默然间变作忧伤。

十几岁，白居易已学会了寄情于诗。

像许多诗人，他将人生悲喜、世事沉浮安置在平平仄仄里。除夕之夜，遥思亲人，只有文字为伴，他写下了《除夜寄弟妹》：

感时思弟妹，不寐百忧生。

万里经年别，孤灯此夜情。

病容非旧日，归思逼新正。

早晚重欢会，羁离各长成。

孤灯之下，一个落寞的身影。

翩翩少年，已有了羁旅长堪醉的哀愁。

就连江南山水，也解不了这深夜的离愁别绪。

月圆之夜，独在异乡，最是感觉凄凉。就像那晚，月下的白居易遥望远方的亲人，不禁悲从中来，却也只能将这份悲伤写在诗里，题目是《望月有感》。在题记中，他写道："自河南经乱，关内阻饥，兄弟离散，各在一处。因望月有感，聊书所怀，寄上浮梁大兄、於潜七兄、乌江十五兄，兼示符离及下邽弟妹。"

时难年饥世业空，弟兄羁旅各西东。

田园寥落干戈后，骨肉流离道路中。

吊影分为千里雁，辞根散作九秋蓬。

共看明月应垂泪，一夜乡心五处同。

贞元二年（786），白居易于某次送别后，写有《江南送北客，因凭寄徐州兄弟书》一诗。他在题下自注："时年十五。"此时，他仍在越中，与诸兄弟遥隔千里。诗中的"楚水"指徐州，"吴山"指越中。

> 故园望断欲何如，楚水吴山万里余。
> 今日因君访兄弟，数行乡泪一封书。

当然，白居易不会沉湎于离愁。

他总会从其中蓦然走出，遇见温软的江南。

更多的时候，他愿意将自己交给山水。扁舟画舫，烟雨楼台，他都曾为之驻足，也不吝为之倾注笔墨。当然，白居易也愿意结交性情相投的文人，与他们泛舟湖上，把酒临风。当时的苏州刺史韦应物，诗才纵逸，为人豪迈，白居易仰慕已久。可惜，他游历苏州，有心结识，终是无缘。毕竟，此时的白居易，只是个稚气未脱的少年。

韦应物为山水田园诗人，后人以王孟韦柳并称。其山水诗景致优美，清新自然而饶有生趣。不过，他也有一些慷慨悲愤之作。部分诗篇思想消极，孤寂低沉。白居易称其诗"才丽之外，颇近兴讽"。

> 独怜幽草涧边生，上有黄鹂深树鸣。
> 春潮带雨晚来急，野渡无人舟自横。

这首《滁州西涧》，可谓中国历史上写景诗的典范之作。

很多次，白居易拿着这首诗，细细品读，回味无穷。

傍晚时分，春雨淅沥，古老的渡口，破旧的扁舟悠然地横在水面。这一切，就是一幅天然的水墨画，恬淡而又寂寥。王国维称其为"无我之境"，并不为过。在这样的画面里，人的确是多余的。就风格来说，韦应物与白居易的诗大相径庭。尽管如此，年少的白居易还是喜欢捧着前辈的诗，爱不释手。因为那诗里有一个素淡的世界。

他也喜欢韦应物那两句："我有一瓢酒，可以慰风尘。"

于诗人，酒是必不可少之物。几分醉意，世界就是寂静的。千里关山，万丈红尘，有诗有酒，就有归处。

不过，白居易很清楚，他不能沉醉于江南山水，也不能缠绵于风月诗酒。他知道，父母对他寄予厚望，希望他光耀门庭，也希望他立身于官场。他自己也有安济天下、为民造福的夙愿。

不过，虽然生于诗书之家，先辈们也大都寄身仕途，却终究没有为他开辟一条终南捷径。为了实现理想，他除了参加科举考试，几乎别无他路。为此，白居易决定离开江南。他要去的地方，是大唐帝国的中心——长安。此番入京，目的在于游学，增长见识之余，也积累人脉。

长安，是无数人追寻和实现梦想的地方。

自然，也是无数人梦碎、独饮西风的地方。

不管怎样，他总要前往，带着少年人的意气风发。

长安是中国历史上第一座被称为"京"的都城，也是第一座真正意义上的城市。因地处长安乡，故名长安城，取意"长治久安"。

那时候，长安城西北开远门立有一块石碑，上面写着"西去安西九千九百里"。那时候安西指的是在唐朝控制之下的西域。每每有商人或者军队走丝绸之路时都要经过这里，这块石碑告诉人们，从长安到西域有九千九百里之遥，公开彰显着盛世大唐疆域之广阔。

终于，年轻的白居易来到了长安。

孤身一人，来到了这座古老的城市。

一切都很陌生。繁华很陌生，街巷很陌生，时光很陌生。

市井上，车水马龙，满眼皆是繁华物景。这里，没有江南的清丽淡雅，有的是富丽堂皇，有的是古老厚重。

中唐时期，战乱不息，大唐王朝早已不复盛世景象。但是，长安城仍是繁华如旧，一片喧嚷。依稀可见，芙蓉账里，春宵苦短，那是唐明皇与杨贵妃缠绵不休的春日；市井酒家，饮醉酣眠，那是诗仙李太白狂傲不羁的身影。自然，也能看到，天子带着无数王侯将相仓皇出逃。马嵬坡下，娇艳羞花的女子归于尘土，夜雨霖铃。

开元盛世，就像一场旖旎的春梦。醒来之后，整个王朝只剩苟延残喘的气息。

少年白居易，独自立在繁华之外，一片茫然。

热闹都是别人的，他像个局外人。

越热闹，越孤独。

长安米贵，居大不易

繁华与萧瑟，一线之隔。

所有的喧嚷不休，总有冷落孤独与之对应。

所有的繁华，看似门扉虚掩，谁都能轻易走入，然而真正置身其中，又总会发现，繁华与热闹似乎都与自己无关。初至长安的白居易，就是这般心境。长安城，白昼的车水马龙，夜晚的灯火辉煌，冷漠地映衬着白居易的形单影只。

不管怎样，白居易还是在长安城安顿了下来。偌大的城市，他在一个角落里，安置了风尘仆仆的自己。他最想安置的，是他兼济天下的理想。他相信，终有一天，他能以学识和才华，被这座城市接纳。他也相信，长安城的灯火下，定会有他把酒欢畅的时候。而此时他能做的，除了行走在街巷里，感受长安城的厚重古朴，便是结识文人墨客，拜访名士大儒。

不久后，白居易带着自己的诗作，怀揣几分激动和忐忑，前去拜访久负盛名的诗人顾况。此番拜访，一方面为了与名士大家探讨作诗的学问，希望得到指点；另一方面也希望得到顾况的赞许和赏识，帮自己踏上仕途。

顾况，字逋翁，号华阳真逸，苏州海盐县人。他性情诙谐狂放，即使是王公大臣想与之结交，倘若性情不相投，他也不予理睬。

顾况工于诗，继承了杜甫的现实主义传统，是新乐府诗歌运动的先驱。

关于白居易与顾况的此次见面，有多种记载。《旧唐书·白居易传》记载："居易幼聪慧绝人，襟怀宏放。年十五六时，袖文一篇，投著作郎吴人顾况。"《新唐书·白居易传》载："居易敏悟绝人，工文章。未冠，谒顾况。"尤袤《全唐诗话·白居易》载："乐天未冠，以文谒顾况。"《唐才子传·白居易传》载："弱冠，名未振，观光上国，谒顾况。"

综合多种史料记载可知，白居易初至长安应为贞元五年（789）前后。谒见顾况时未至弱冠，应是十八岁左右。

那日，白居易求见，顾况没有拒绝。只不过，见到面容清瘦、略显青涩的白居易，顾况心中不免有些不屑。得知面前这个年轻人叫白居易，便略带着嘲笑的口吻说道："长安米贵，居大不易。"

白居易不卑不亢，双手奉上自己的诗作，谦逊地说："久仰先生诗名，特意整理了诗作前来拜访，希望先生能指点一二。"顾况带着几分不经意，翻看着白居易的诗稿。当他读到《赋得古原草送别》一诗时，不禁面露喜色。

> 离离原上草，一岁一枯荣。
> 野火烧不尽，春风吹又生。
> 远芳侵古道，晴翠接荒城。
> 又送王孙去，萋萋满别情。

野火烧不尽，春风吹又生。

生命之坚韧与顽强，尽在其中。

这首诗被誉为白居易的成名作，多年后家喻户晓。年轻的白居易也因这首诗被顾况赏识。彼时的顾况，细细品味着诗句，对白居易的喜爱之情油然而生，微笑道："有才如此，居亦何难！"

这首诗很快就在长安城里流传开来，而受到顾况赏识和奖掖的白居易，很快就被街头巷尾的人们熟知了。不久，白居易又凭借一首《昭君怨》，再次为人所知。人们惊叹于他的才华，开始传抄他的诗作。

明妃风貌最娉婷，合在椒房应四星。

只得当年备宫掖，何曾专夜奉帏屏。

见疏从道迷图画，知屈那教配房庭。

自是君恩薄如纸，不须一向恨丹青。

尽管诗名被盛传，白居易的生活却是日渐拮据。盛名之下，这个清瘦的少年，必须承受现实生活的艰涩。他不曾停止苦读，亦不曾放下理想。但是，身处异乡，没有凭靠之处，还是让他备感凄凉。寒冬腊月，难以为继，他又患了病，只能以孱弱的身体，支撑寒冷的岁月。

十五元夜，花灯如昼。

白居易撑着病体，写了首《长安正月十五日》：

喧喧车骑帝王州，羁病无心逐胜游。

明月春风三五夜，万人行乐一人愁。

万家灯火，照着别人的欢乐。

而他在无人知晓的角落里，满心愁苦。

此时，对长安这座城市来说，他只是个过客。

很显然，他虽然身在长安，却在繁华喧嚷之外。那些繁忙的街巷和明艳的灯火，似乎都与他无关。反复思量后，白居易决定暂时离开长安，回到江南。正应了那句话，离开是为了更好地回来。他总会再回到这里，以骄傲的模样。

憔悴的白居易，回到了江南。父亲白季庚徐州别驾任期已满，改除大理少卿、衢州别驾。衢州属江南道，下辖相当于今浙江衢县、常山、江山、开化四县地。在江南，父子重逢。几年未见，白居易已是风姿翩然的青年，白季庚则苍老了不少。父子相见，说着别后的际遇，不无感慨。长谈之夜，白居易说了自己目睹的民间疾苦，以及为民造福的愿望。见他心系天下，忧国忧民，白季庚甚是欣慰。

谈到诗词，除了《昭君怨》，白居易还给父亲看了《王昭君二首》，白季庚在夸赞的同时，也嘱咐他山外有山，要继续努力，厚积薄发。

满面胡沙满鬓风，眉销残黛脸销红。

愁苦辛勤憔悴尽，如今却似画图中。

汉使却回凭寄语，黄金何日赎蛾眉。

君王若问妾颜色，莫道不如宫里时。

白居易的生活又恢复了平静。

江南的月光水岸，又有了他苦读诗书、吟诵风月的身影。日子在他手里，重现清朗散淡。

其后，父亲在衢州任职，给了漂泊数年的白居易莫大的温暖。同时，白居易也跟随父亲游历了多个城市，探幽访胜，欣赏江南山水，体味黎民疾苦。饱览诗书，加上畅游民间，白居易的学养和见识都日渐精进。

据《襄州别驾府君事状》载，贞元七年（791），白季庚衢州别驾任满，由观察使皇甫政推荐，以检校大理少卿，兼襄州别驾（襄州辖地相当于今湖北襄阳、谷城、光化、南章等）。

赴任之前，白季庚带着白居易回到了符离。一家团聚，满是欢喜。数年未见，母亲脸上已有了岁月的痕迹。可想而知，她独自照顾几个孩子，甚是辛苦。白居易握着母亲的手，说着这几年的经历，说到江南，说到长安，尽量不说那些凄苦的日子。尽管如此，母亲已是泪眼婆娑。

未久，白季庚前往襄阳赴任，白居易留在符离，继续苦读。这个熟悉的地方，有烟雨小径，有袅袅炊烟。当然，还有恬静的日子。母亲操持着家务，弟弟妹妹们在肆意玩耍，白居易则埋首书海，乐在其中。

然而，就在这简单的幸福中，情势急转直下。

世间之事往往是这样，晴天中有风雨，安详里有悲伤。阴雨和黯淡，总是骤然而至，猝不及防。

据白居易《唐太原白氏之殇墓志铭并序》载：贞元八年（792），白居易的小弟白幼美（小名金刚奴）突然身染重病，不久便离开了人世。一家人陷入了悲痛之中，母亲陈氏更是因悲伤而憔悴，甚至精神恍惚。

此后，白季庚将妻儿老小接到了襄阳。白居易在《再到襄阳访问旧居》一诗中写道："昔到襄阳日，髯髯初有髭。"据此可知，他到襄阳时，应是二十一二岁。日子渐渐恢复平静的时候，风雨再次骤然来袭。

贞元十年（794），疾病缠身、身体每况愈下的白季庚撒手人寰。据《襄州别驾府君事状》载："（白季庚）贞元十年五月二十八日终于襄阳官舍，享年六十六。"

曾经跃马疆场，也是英姿勃发。去的时候，只有几声叹息。白居易悲痛欲绝，但是痛定之后，他更加明白，自己身负父亲的厚望，必须发奋读书，考取功名，支撑起家族的荣耀。

白季庚为官清廉，并未留下多少积蓄。无奈之下，白居易兄弟几人只好将父亲安葬在襄阳。然后，带着无限的悲伤和对未来的不安，一家人离开了襄阳。

生活就是这样，有明有暗，有起有落。

突然之间，满城风雨。故事里已是落木萧萧。

但是，风雨之中，总有坚定前行的身影。

一盏孤灯，照着夜雨江湖。

愿作深山木，枝枝连理生

世间之事，皆是缘分。

月圆月缺，花开花谢，我们终须顺其自然。

王尔德说，生活在阴沟里，依然有仰望星空的权利。生活，原本就是阴晴莫测，时而花开陌上，时而雨雪飘零。许多事情，我们无法逃避，亦无力改变，就只能随遇而安。低头叹息，所见总是泥淖黯淡；蓦然抬头，就能遇见星火满天。哪怕只有一颗星星，也能照亮千里关河和我们遥远的路程。

白居易还有很长的路要走，他背负着家族的希望，背负着安济天下的宏愿，他不能沉沦于悲伤。他还很年轻，正是鲜衣怒马的年岁。他必须再次出发，将漫长的道路走出厚实和丰盛，走出柳暗花明。事实上，他一直在路上。

在襄阳，将父亲安葬以后，为了缓解悲伤，白居易曾游赏名胜、寻访古迹。襄阳，自古是兵家必争之地。站在这里，似乎能听到战马嘶鸣，看到刀光剑影。这里是诸葛亮年轻时隐居的地方，有名震天下的关羽的庙宇，也有结束三国纷乱的功臣杜预的庙宇。年轻的白居易，走在襄阳城里，敬仰之意油然而生。

那些日子，白居易也曾怀念孟浩然。孟浩然，襄阳人，世称孟襄阳。因他未曾入仕，又被称作孟山人，是唐代著名的山水田园派诗人。孟浩然生于盛唐，早年有志用世，理想落空后，不媚俗世，修道归隐终身。

曾隐居鹿门山，时常泛舟于山水之间。四十岁时，游长安，应进士举不第。曾在太学赋诗，名动公卿，满座钦服。因其诗在艺术上有独特的造诣，后人把他与王维并称为"王孟"。

孟浩然有一段转喉触讳的故事。《唐摭言》载：一日，孟浩然到好友王维的府内做客，忽传玄宗驾到。孟浩然因身为白丁，不能见皇上，便急忙躲到床下，被玄宗发现，玄宗命他出来，并问他最近有什么新作，孟浩然便读了自己的《岁暮归南山》，其中有"不才明主弃，多病故人疏"句。玄宗闻此，心中不悦，便说："卿不求仕，而朕未尝弃卿，奈何诬我？"于是放其还乡。孟浩然因此终生与仕途无缘。李白与孟浩然交情深厚，曾有诗《赠孟浩然》：

吾爱孟夫子，风流天下闻。

红颜弃轩冕，白首卧松云。

醉月频中圣，迷花不事君。

高山安可仰，徒此揖清芬。

孟浩然终生不仕，纵情于诗酒风月，极是洒脱。后来，孟浩然染病，背上长了个大毒疮。王昌龄来看他，欢喜之余，两个人去吃海鲜，结果疮发而逝。率性而生，率性而死，配得上"风流"二字。白居易欣赏孟浩然的才华，也欣赏他的洒脱。

遥望鹿门山，想着孟浩然风雅的一生，白居易感慨丛生，于是，写了首《游襄阳怀孟浩然》，遥寄景仰。

> 楚山碧岩岩，汉水碧汤汤。
>
> 秀气结成象，孟氏之文章。
>
> 今我讽遗文，思人至其乡。
>
> 清风无人继，日暮空襄阳。
>
> 南望鹿门山，蔼若有余芳。
>
> 旧隐不知处，云深树苍苍。

清风无人继，日暮空襄阳。

仰慕着已故诗人，他携了两袖清风，上路了。

不久后，白居易随家人离开了襄阳。途经江陵（荆州）的时候，与兄弟们告别。经历了丧父之痛，此番别离之伤感心酸，非寻常离别可比。白居易写了首《自江陵之徐州路上寄兄弟》，饱含离愁别绪。

> 岐路南将北，离忧弟与兄。
>
> 关河千里别，风雪一身行。
>
> 夕宿劳乡梦，晨装惨旅情。
>
> 家贫忧后事，日短念前程。
>
> 烟雁翻寒渚，霜乌聚古城。
>
> 谁怜陟冈者，西楚望南荆。

关山迢递，岁月无常。

一别，便是千山万水；一别，便是家书抵万金。年轻的白居易，再一次品尝了离别的苦楚。

他又回到了符离，山水如旧，日子却再也不似从前那般安恬。小弟和父亲相继离世，始终是挥不去的阴影。与他交情深厚的"符离五子"已经各奔东西，昔日把酒言欢、泛舟湖上、寻梅踏雪的画面，早已泛黄，成了此时的哀愁和苦闷。幸好，还有个女子时常出现在身边，抚慰他苦涩的华年。

湘灵，永远是白居易心中的一道风景。

从前，她是他陌上的春花；后来，她是他心上的朱砂痣。他是她的居易哥哥，她是他的湘灵妹妹。

前次，白居易从江南回到符离，见到了数年未见的湘灵。在他面前，十五岁的湘灵娉娉袅袅，笑靥如花。几分羞涩，暗自欢喜。一场漫长的分别后，重逢让两个人都心花怒放。只是，他们已不是当时懵懂无知的少年，知道了分寸，懂得了男女有别。尽管如此，那几年他们还是经常见面，他为她写诗，她为他抚琴。从前，他们年幼，她是他的玩伴；此时，他们年华盛放，她是他的知己。

他们共坐夕阳下，话语清浅，两颗心无数次泛起涟漪。那是一种叫作爱情的水光潋滟。白居易曾在《邻女》中写道：

娉婷十五胜天仙，白日姮娥旱地莲。

何处闲教鹦鹉语，碧纱窗下绣床前。

从襄阳回到符离后，在湘灵的温柔抚慰下，白居易终于从悲伤中走了出来。他仍旧刻苦攻读诗书，不敢有丝毫懈怠。闲暇之时，除了陪伴母亲，便是与湘灵相见。

符离的巷陌里，有他们同行的身影。只是，他们已不能如从前那样，牵着手走过街巷，自由自在地欢笑。有时候，他们喜欢安静地坐着，两无言语，却又各自欢喜。人们说，心若相知，无言也默契，正是如此。

然而，这场灿如春芳的恋情，终是难以开花结果。白居易的母亲不喜欢他们卿卿我我，更不愿意自己的儿子娶一个贫寒女子为妻。她的门第观念，成了白居易和湘灵始终难以翻越的一道墙。曾经，他们说起，非你不娶，非你不嫁。最后，只能付之东流。

尘缘，从不因人们相亲相爱就网开一面。

所以这世上，有那么多离散，有那么多执手相看泪眼。爱情很美。正因为很美，也最是伤人。

据王拾遗《白居易生活系年》所载，贞元十四年（798）初，白居易离开符离南下，母亲则带着其他孩子去了洛阳，投奔白氏族亲。白居易已二十七岁，必须承担该有的责任。为了科考，他离开了熟悉的符离，也离开了深爱着的那个女子。

远行的路上，他总会在不经意间想起湘灵。她的一颦一笑，似在眼前，却又越来越遥远。他在《寄湘灵》中写道：

泪眼凌寒冻不流，每经高处即回头。

遥知别后西楼上，应凭栏干独自愁。

相思如絮，纷纷扬扬，无处落脚。
幸好还有文字。他将漫长的思念，留在了《长相思》里。

九月西风兴，月冷露华凝。思君秋夜长，一夜魂九升。
二月东风来，草坼花心开。思君春日迟，一日肠九回。
……
人言人有愿，愿至天必成。愿作远方兽，步步比肩行。
愿作深山木，枝枝连理生。

比翼鸟，连理枝，皆是一厢情愿。
相思长在路上，越来越盛。终于，成了山高水长。
离开符离，白居易一路南下，前往浮梁（隶属于江西景德镇），
投奔时为主簿的兄长白幼文。二人虽是异母，但感情深厚，白幼
文对白居易疼爱有加。带着对湘灵的思念，以及对未来的担忧，一
路春和景明，白居易几乎无心欣赏。后来，银两所剩无几，又兼病
痛在身，他甚是凄苦。此时他的心境，正如《将之饶州，江浦夜泊》
中所写：

明月满深浦，愁人卧孤舟。烦冤寝不得，夏夜长于秋。
苦乏衣食资，远为江海游。光阴坐迟暮，乡国行阻修。

身病向鄱阳，家贫寄徐州。前事与后事，岂堪心并忧。

忧来起长望，但见江水流。云树霭苍苍，烟波淡悠悠。

故园迷处所，一念堪白头。

他的面前，是一条苍茫的长路。

一念堪白头。这是二十七岁的白居易匹马走天涯的慨叹。

人们说，生活除了眼前的苟且，还有诗和远方。

然而，很多时候，远方只有遥远。

春风得意马蹄疾

有的路，我们非走不可。

哪怕荆棘满地，迷雾重重，也必须走下去。

选择一条路，也就是选择一种人生，选择一场属于自己的悲欢离合。一盏灯，万里关河，只有走过去，才能点亮人生，成为那个想要成为的自己。路就在那里，出发了就要坚定不移地走下去，纵然风雨兼程，也要初心不改。

在路上，贫病交加的白居易甚是凄惶。不过，他最终还是于贞元十五年（799）春抵达了浮梁。兄长白幼文虽然俸禄微薄，但还是拿出一部分买了米，让白居易带往洛阳。白居易在《伤远行赋》中写道：

贞元十五年春，吾兄吏于浮梁。分微禄以归养，命予负米而还乡。出郊野兮愁予，夫何道路之茫茫。茫茫兮二千五百里，自鄱阳而归洛阳。

在洛阳待了半年，白居易再次上路，此次他要去的是宣城。母亲虽然不舍，但还是坚强地送他离开。只是，在他转身上路的时候，母亲早已泪眼模糊。他的悲伤，也都写进了《伤远行赋》里：

昔我往兮，春草始芳；今我来兮，秋风其凉。独行踽踽兮惜昼短，孤宿茕茕兮愁夜长。况太夫人抱疾而在堂，自我行役，谅夙夜而忧伤。惟母念子之心，心可测而可量。虽割慈而不言，终蕴结于中肠。日有弟兮侍左右，固就养而无方。虽温清之靡阙，讵当我之在傍。无羽翼以轻举，羡归云之飞扬。惟昼夜与寝食之心，曷其弭忘。投山馆以寓宿，夜绵绵而未央。独展转而不寐，候东方之晨光。虽则驱征车而遵归路，犹自流乡泪之浪浪。

这次，白居易要去投奔很久未见的叔父白季康。白季康与白季庚为堂兄弟，此时为宣州溧水县县令。后来，白季康的儿子白敏中曾官至宰相，常与官至刑部尚书的白居易一起，被视为白家的骄傲。

堂兄已逝，白季康知道，必须对白居易多加照拂，给予他足够的帮助，使他出人头地。见白居易满腹经纶，才华横溢，白季康甚是高兴，对他的前途充满了希望。

贞元十五年（799）秋，白居易正式走上了属于他的科考之路。白居易在《送侯权秀才序》中写道："贞元十五年秋，予始举进士，与侯生俱为宣城守所贡。明年春，予中春宫第。"

灯火忽明忽暗，人影络绎不绝。

他在万千人之中。走在路上，几许踌躇满志，几许忐忑不安。

科举，既是阳关道，也是独木桥。二十八岁，他出发得不算早。

唐代的科举考试，分为明经科和进士科两类。与明经科相比，进士科要求更高，录取比例远低于明经科。大概而言，明经科的录取比例约为十分之一，进士科则约为六十分之一。不管怎样，科举考试是无数读书人走上仕途的必经之路。

从隋唐到宋元，再到明清，千余年的科举，始终紧紧地伴随着中华文明史。科举的直接结果是，选拔出了十万名以上的进士，百万名以上的举人。尽管这里面鱼龙混杂，但才情绝伦者也比比皆是。仅在状元里面，就有过王维、柳公权、贺知章、张九龄、吕蒙正、张孝祥、陈亮、文天祥、杨慎、翁同龢这样的人物。

从本质上来说，科举是个文官选拔制度，而非文学创作才华和经典阐释能力的考查制度。所以，许多惊才绝艳的文人，傲然而去，凄然而回。事实上，在科举路上，成功了也不过是将人生交给帝王家，去面对官场的激流险滩和尔虞我诈，即使是苏轼这样的旷达之人，在历经沉浮后，也发出了"寂寞沙洲冷"的叹息。

对于许多文人，科举是一条幽暗的长路。唐代诗人罗隐，参加科举十余次，最终还是铩羽而归，史称"十上不第"；明代画家徐渭，天资甚高，六岁读书，九岁便能作文，但他经历了八次科举考试，全部落榜；清代文学家蒲松龄，十九岁应童子试，接连考取县、府、道三个头名，后来却屡试不第，直到七十二岁才补了个岁贡生，在科举的路上，他走了半个多世纪。

还有更漫长的。清代有个叫谢启祚的读书人，从少年时代起就参加科举考试，到了九十八岁高龄，才终于考中了举人。有趣的是，与他同时中举的，竟有个十二岁的少年。中举后，谢启祚狂喜至极，写了首《老女出嫁诗》来表达自己的心情：

行年九十八，出嫁不胜羞。照镜花生靥，持梳雪满头。

自知真处子，人号老风流。寄语青春女，休夸早好逑。

科举得失，是牵连家族命运前途的重大命题，远不是个人的事。落第归故里，无论是本人还是亲属，都会面上无光。据钱易《南部新书》记载，有个姓杜的读书人，多次参加科举未中，打算回家，却收到了妻子寄来的诗：良人的的有奇才，何事年年被放回？如今妾面羞君面，君若来时近夜来。

因为顾及颜面，这位妻子对落第的丈夫说：若想回家，最好趁着夜色偷偷回来。由此可见，科举落榜是一件令人难堪的事情。于是，很多人到京城后，便下决心，不考中不回家。

屡试不第，往往会给读书人及其家人带来极大的压力。因此，科举得中后的狂喜也可想而知。《玉泉子》里记载，一位将军的女儿，嫁了个叫赵琮的读书人。赵琮多次科举不第，她觉得丢脸，将军全家也甚觉不光彩。一次，将军全家受邀参加盛宴，同去的将军女儿在座前挂了块帷帐遮羞。很讽刺的是，宴会中间，快马来报，赵琮考中了科举。于是，他的妻子将帷帐撤去，瞬间容光焕发。

与很多屡试不第的读书人相比，白居易是幸运的。才气纵横的他，一路高歌。在宣州安顿好之后，白居易在白季康的带领下，拜见了宣州刺史崔衍。崔衍喜好诗文，早就听说过白居易的诗名，对他礼遇有加。因此，尽管白居易不是宣州本地人，崔衍还是破格让他参加了宣州的县试。

文采出众的白居易牛刀小试，初战告捷。但这仅是个开始，真正的拼杀还在后面。

但我们知道，才气超群的白居易，定会跃过龙门，睥睨天下。

其后，白居易又在宣州城参加了州试。考试并不难，主要考查考生的诗赋创作。白居易再次凯旋。

现在，他要等待和面对的，是京城的进士科考试。按照惯例，进士考试要从这一年的冬天报名，待到礼部审核完毕，于次年春天参加考试。

这年冬天，白居易又来到了长安。喧嚣如旧，灯火如旧，车水马龙如旧。前次离开的时候，他带着无奈和叹息，身影寥落。如今，再次走进这座城市，少了些落寞，多了些兴奋。他暗自发誓，定要一举及第，扫尽阴霾。新年后，长安城里处处皆是欢畅景象。此时的白居易，忙着读书备考。他知道，这次考试是他人生迄今为止最重要的时刻。

外面的世界，到处欢声笑语。

白居易独在客舍，读着经史子集，并不觉得落寞。

一盏残灯，照着丰盛的未来。

轩车歌吹喧都邑，中有一人向隅立。

夜深明月卷帘愁，日暮青山望乡泣。

风吹新绿草芽拆，雨洒轻黄柳条湿。

此生知负少年春，不展愁眉欲三十。

在这首《长安早春旅怀》中，白居易写道："此生知负少年春，不展愁眉欲三十。"渐近而立，他的人生才真正开始。

长安城里，夜月之下，那是一个踌躇满志的身影。

贞元十六年（800）年初，白居易走入了进士科的考场。考试的题目是《性习相近远赋》和《玉水记方流诗》。是白居易喜欢的题目，他文思泉涌，写得行云流水。二月十四日，放榜的日子，在万分的忐忑与激动之中，白居易看到了自己的名字，他以第四名高中。

据《唐才子传·白居易传》载："贞元十六年，中书舍人高郢下进士、拔萃，皆中，补校书郎。"另外，据《箴言并序》载："贞元十有五年，天子命中书舍人渤海公领礼部贡举事。越明年春，居易以进士举，一上登第。"

唐代新科进士在曲江宴会后，都会前呼后拥前往慈恩寺，聚集在专供题名用的题名屋。他们先各在一张方格纸上书写自己的姓名、籍贯，并推举其中书法出众者作文一篇以记此盛事，然后交予专职石匠，刻在大雁塔的石砖上。白居易二十九岁时进士及第，在同时考中的十七人中最为年轻，得意之余挥毫写道：

慈恩寺下题名处，
十七人中最少年。

及第之后，白居易沉浸在幸福之中。例行的拜谒座主、拜谒宰相后，还有一系列繁复的活动，诸如曲江盛宴、慈恩题名、杏园探花等等。与同时及第的朋友们饮酒畅聊之余，白居易心里还惦念着母亲。不久后，他写了首《及第后归觐，留别诸同年》，与朋友们作别，回到了洛阳。正所谓春风得意马蹄疾。

十年常苦学，一上谬成名。摧第未为贵，贺亲方始荣。
时辈六七人，送我出帝城。轩车动行色，丝管举离声。
得意减别恨，半酣轻远程。翩翩马蹄疾，春日归乡情。

白居易进士及第，母亲陈氏无比欣慰。在洛阳，白居易陪伴母亲多日。此后，他离开洛阳，前往宣州，向刺史崔衍表达了感激之情，在《叙德书情四十韵，上宣歙崔中丞》中就提及了此事：

摧第名方立，耽书力未疲。磨铅重剸割，策蹇再奔驰。

相马须怜瘦，呼鹰正及饥。扶摇重即事，会有答恩时。

他在宣州住了数月，时常流连山水、寻访古迹，也曾与朋友把酒赋诗，停留于深山古刹。当然，他也经历了生离死别，如六兄和十五兄的离世让他感到无比悲伤。

在《祭符离六兄文》中，白居易写道："既卜远日，就宅新阡。春草之中，画为墓田。潍水南岸，符离东偏，其地则迩，其别终天。惟弟与家人，俨拜哭于车前。魂兮有知，鉴斯文，歆斯筵，知居易之心茕茕然。"

此时，白居易在等待吏部的选拔考试。有些激动，也有几分不安。从他的《花下自劝酒》一诗中可以看出，此时的他心里并不平静，有时不我与之感。

酒盏酌来须满满，花枝看即落纷纷。

莫言三十是年少，百岁三分已一分。

贞元十八年（802）秋末，白居易回到了长安，准备吏部的选拔考试。在唐代，考中了进士，只是具备了做官的资格。要想被授予官职，还必须参加吏部更为严格的选官考试，即"拔萃科"。

此次考试，参加者大多是当时的才子，竞争非常激烈。考试的内容是一百道书判。带着些许紧张，白居易结束了考试。结果并无意外，凭借厚实的学养和不凡的见识，白居易如愿高中。贞元十九年（803）春，白居易成为"拔萃科"考试八名高中者之一，并被任命为秘书省校书郎。据《养竹记》载："贞元十九年春，居易以拔萃选及第，授校书郎。"另外，褚斌杰在《白居易评传》里写道："贞元十九年，白居易参加了拔萃科考试，入甲等，授秘书省校书郎。"

那一年，白居易三十二岁。

多年寒窗苦读，终于有了结果。春色明秀，时光温暖。白居易终于走上了梦寐以求的仕途，欢喜异常。

只是，仕途艰险，从来都不是清闲写意之处。

前路，灯火仍是忽明忽暗。

惆怅春归留不得

故事里的人们，悲喜自知。

所有的明艳绚烂，都是以黯淡寂寥为背景的。

科举的路上，站着万千渴望走入魏阙、跻身仕途的读书人。但是，最终如愿以偿的毕竟是少数。更多的是，在及第者把酒狂欢的映衬下，叹息的身影。就科举这件事来说，白居易可谓一马平川。从最初的宣州县试，到最后的"拔萃科"考试，他都表现优异。

与白居易同时高中，被授秘书省校书郎的，还有元稹等七人。在这次考试前，白居易结识了元稹，因为性情相投，彼此一见如故。那些日子，他们一起探讨诗文，也经常相互激励。最终，两个人皆如愿高中。他们是一生的朋友，亦是一生的知己。

元稹，字微之，别字威明，河南洛阳人，少有才名。贞元九年（793）明经及第，此次拔萃科中与白居易同科及第，后共同倡导新乐府运动，世称"元白"，形成"元和体"。两人多有诗歌唱和，即使身处异地，也常有书信往来，并发明了"邮筒传诗"。元稹诗词成就巨大，言浅意哀，感人肺腑。

贞元十九年（803），拔萃科高中之后，白居易正式踏入了仕途。偌大的长安城，他终于不再只是个行路之人。满城灯火，也有了些许温暖。

如今的白居易，有了自己的薪俸，不用再靠亲戚朋友的周济度日。他在长乐里租了一所房子，是已故宰相关播旧居。关播去世后，房子一直空置，若干年后，灰尘满地，一片荒凉。白居易细心收拾后，房子终于有了家的感觉，也有了几分诗情画意。不久后，白居易写了首《常乐里闲居偶题十六韵兼寄刘十五公》：

帝都名利场，鸡鸣无安居。独有懒慢者，日高头未梳。

工拙性不同，进退迹遂殊。幸逢太平代，天子好文儒。

小才难大用，典校在秘书。三旬两入省，因得养顽疏。

茅屋四五间，一马二仆夫。俸钱万六千，月给亦有余。

既无衣食牵，亦少人事拘。遂使少年心，日日常晏如。

勿言无知己，躁静各有徒。兰台七八人，出处与之俱。

旬时阻谈笑，旦夕望轩车。谁能雠校间，解带卧吾庐。

窗前有竹玩，门外有酒沽。何以待君子，数竿对一壶。

几分散淡，几分悠然。

终于，他可以坐下来，体会闲适的滋味了。

一壶酒，几行诗。日子在笔下游走，云淡风轻。

庭院里有一丛翠竹，颇显已故主人的读书情趣，白居易甚是喜欢。他亲自动手，除去杂草，剪掉枯枝败叶，培土浇灌，还写了篇《养竹记》，记述其整修始末，并将竹比作人中贤才。而且，白居易也以竹自喻，取其贞节劲直之意。

竹似贤，何哉？

竹本固，固以树德，君子见其本，则思善建不拔者。竹性直，直以立身；君子见其性，则思中立不倚者。竹心空，空以体道；君子见其心，则思应用虚受者。竹节贞，贞以立志；君子见其节，则思砥砺名行，夷险一致者。夫如是，故君子人多树之，为庭实焉。

秋冬之际，白居易去了许昌，拜见了在那里任县令的叔父白季轸。白季轸教导白居易，为官必须清正廉明，心系天下苍生。

其间，白季轸将县公事堂厅略做修葺，白居易在厅壁上写了《许昌县令新厅壁记》，记述始末。其中写道："吾家世以清简垂为贻燕之训，叔父奉而行之，不敢失坠，小子举而书之，亦无愧辞。"为人正直，为官清正廉洁，这是白居易一生的信条。

贞元二十年（804）暮春，白居易将全家接到了秦中，安置于下邽故里，自此，他时常往来于长安与下邽之间。他在《泛渭赋》中写道："十九年，天子并命二公对掌钧轴，朝野无事，人物甚安。明年春，予为校书郎，始徙家秦中，卜居于渭上。"此处渭上，即下邽。

秘书省的工作非常清闲，白居易有充足的时间到处游赏风景，体察民情。他最喜欢的，是远离繁华的林泉山水，或是深山古刹。自然，最快乐的事情，莫过于与好友元稹同游陌上，赏花赏月，把酒吟诗。对文人来说，这无疑是最潇洒的生活。

一轮月，一壶酒，两三知己，共话岁月。

不谈名利是非，只醉湖山风月。

于文人，这才叫日子。

数月后，元稹因才华出众被京兆尹韦夏卿选为东床快婿，与其女韦丛成婚，去了东都洛阳。长安与洛阳相距并不远，但知交别离，还是不免感伤。元稹走后，白居易的生活虽仍旧清闲，到底少了几分快意。不过，生性爽朗洒脱的白居易并不缺少朋友。后来，他又结识了刘禹锡、柳宗元等人。游山玩水，临风把酒，亦是风流不尽。

贞元二十一年（805）正月，唐德宗驾崩，太子李诵继位，即唐顺宗。他是唐朝位居储君时间最长、在位时间最短的皇帝。继位后，唐顺宗任命韦执谊为尚书左丞，力图改革，复兴大唐。韦执谊吸纳了一些思想较为激进的有识之士，如刘禹锡、柳宗元等人，组成了一个改革集团，他们对官场上徇私舞弊的现象和藩镇割据势力进行了严厉的打击。

然而，改革的举措触动了藩镇军阀和守旧官僚以及宦官集团的利益，这些人很快便联合起来进行了猛烈的反扑。他们逼迫在位仅半年的顺宗传位给太子李纯，并在顺宗退位数月后将其害死。失去了靠山，改革集团被迅速瓦解。刘禹锡、柳宗元等人尽数被贬谪。这场为时半年的改革运动，后来被称作"永贞革新"。

李纯继位以后，重用贤良，改革弊政。在位十五年间，勤勉政事，力图中兴，从而取得了元和削藩的巨大成果，并重振中央政府的威望，史称"元和中兴"。

白居易虽然没有参与"永贞革新"运动，但他内心也希望改革，扫除腐败之风，削弱藩镇势力，还大唐以强盛安宁。为此，他曾给韦执谊写信，阐明自己的政治理想。只因他身份低微，书信未受重视。改革失败，好友们被贬出京，白居易很是难过，既为朋友们的际遇，也为大唐复兴无望。他在《三月三十日题慈恩寺》中写道：

慈恩春色今朝尽，尽日徘徊倚寺门。

惆怅春归留不得，紫藤花下渐黄昏。

失落时，白居易只能去山水之间安放心情。

有时候，他也去寺院，在佛火钟声中寻几分清静。但得到的只是刹那的安宁。

怜君寂寞意，携酒一相寻

岁月，既深情，又凉薄。

云卷云舒，人来人去，岁月总是不紧不慢。

它寂静地打量着红尘众生，带几分慵懒，几分嘲弄。

世间万物，皆与岁月比邻而居，却又总是被岁月弃置不顾。往往岁月飘然而去，我们还在原地惝恍迷离。无论是谁，人生都是一条风雨未央的长路。不管怎样，我们终要在这无常的世界上，学着淡定从容，不惊不惧，不慌不忙。

元和元年（806）初，白居易三年的秘书省校书郎任期已满。据白居易《策林序》载："元和初，予罢校书郎，与元微之将应制举，退居于上都华阳观，闭户累月，揣摩当代之事……"

按照当时的规定，他要么得到朝廷其他官员的推荐，获得新的任命；要么再去参加制举考试，即由皇帝亲自主持的策问，以此获取新的官职。对白居易来说，由于和他交好的大都是"永贞革新"时的官员，此时均已遭贬谪，无人为他推荐，而那些心性不纯、善于钻营和阿谀的高官，白居易又不屑与之为伍，自然也不会求他们推荐。

鉴于前程，白居易与元稹经商量决定，去参加制举考试。他们偕同前往华阳观，潜心苦读，准备考试。制举考试，应试者必须对社会现实问题有全面的了解，并且提出切实可行的措施。白居易多年辗转四方，对社会矛盾、民间疾苦等问题熟稔于心，而且心中也早有济世安民的策略，因此胸有成竹，势在必得。

经过数月的准备，白居易和元稹于四月走入了制举考试的考场。考试中，白居易写出了七十五篇《策林》。在策林中，他阐述了自己的政治主张。因为《策林》词句优美，论述精湛，因此被广为传颂，成为后人科考的必读项目。

考试结束后，元稹被授予左拾遗。白居易则因为策论言辞太过激烈，被授予陕西周至县县尉。据《旧唐书》载："元和元年四月，宪宗策试制举人，应才识兼茂、明于体用科，策入第四等，授盩厔县尉、集贤校理。"白居易在《代书诗一百韵寄微之》诗中自注："元和元年同登制科，微之拜左拾遗，予授周至尉。"周至即盩厔。

白居易虽然心有不甘，却又无可奈何。不久后，他便打点行装，离开了长安。临别，十分不舍，白居易作《赠元稹》一诗，赠别元稹：

自我从宦游，七年在长安。所得惟元君，乃知定交难。

岂无山上苗？径寸无岁寒。岂无要津水？咫尺有波澜。

之子异于是，久处誓不谖。无波古井水，有节秋竹竿。

一为同心友，三及芳岁阑。花下鞍马游，雪中杯酒欢。

衡门相逢迎，不具带与冠。春风日高睡，秋月夜深看。

不为同登科，不为同署官。所合在方寸，心源无异端。

周至县距长安百余里，隶属京兆府。县衙机构内设县令一人，正七品，县尉两人，正九品下。县尉的主要工作是维护治安，向民众收缴赋税等。县境内民生艰困，向百姓催缴赋税，实非白居易所愿。而且，身份低微的他，还随时要面对县令的指派。因此，县尉的工作，他甚是不喜。

很快，白居易就看到了官场的真相。尽管只是一县之地，却也不乏盘剥与欺瞒，以及钩心斗角。他不愿与那些只顾自己前程、不顾百姓死活的官员为伍。夏天，看农人收割麦子，亲历百姓生活之艰苦，白居易写了首《观刈麦》：

田家少闲月，五月人倍忙。夜来南风起，小麦覆陇黄。

妇姑荷箪食，童稚携壶浆，相随饷田去，丁壮在南冈。

足蒸暑土气，背灼炎天光，力尽不知热，但惜夏日长。

复有贫妇人，抱子在其傍，右手秉遗穗，左臂悬敝筐。

听其相顾言，闻者为悲伤。家田输税尽，拾此充饥肠。

今我何功德，曾不事农桑。吏禄三百石，岁晏有余粮。

念此私自愧，尽日不能忘。

黎民日子凄苦，他甚是愧疚。

正如韦应物诗中所写："邑有流亡愧俸钱。"

看上去，白居易是自疚自愧，实则是对整个官僚贵族社会的隐约批评。白居易只是个三百石俸禄的小小县尉，那些大官僚、大贵族更应感到惭愧。赋税制度是皇帝制定的，他无法公开反对，只能用诗来讽喻。那颗爱民如子的心，始终跳动着。但是现在，他只是个县尉，对百姓疾苦和赋税制度无能为力。

在白居易为百姓愁苦的时候，好友元稹更是遭遇了人生坎坷。作为左拾遗，元稹因为直言进谏，得罪了宰相杜佑，被贬为河南县尉。与此同时，元稹的母亲和岳父相继去世。好友的遭遇，让白居易忧心不已，这一切，也尽体现在《别元九后咏所怀》中：

零落桐叶雨，萧条槿花风。悠悠早秋意，生此幽闲中。
况与故人别，中怀正无悰。勿云不相送，心到青门东。
相知岂在多，但问同不同。同心一人去，坐觉长安空。

为了缓解压抑和悲伤之情，他时常外出，寄情山水。秋天，在西郊游赏，他写了首《县西郊秋寄赠马造》，表达了自己的苦闷和对官场生活的厌恶：

紫阁峰西清渭东，野烟深处夕阳中。
风荷老叶萧条绿，水蓼残花寂寞红。
我厌宦游君失意，可怜秋思两心同。

这首诗题目中所提的马造，是白居易在周至县结识的朋友。马造颇有才华，性情孤傲，与白居易一见如故。通过马造，白居易又先后认识了王质夫、尹公亮、陈鸿等人。这些人皆性情高洁，不屑尘俗，好与流水清风为邻。同样喜好林泉的白居易，时常约这些朋友，畅游山水，纵论今古，在诗词歌赋里消磨时光。他们登周至县北楼，远眺群山，白居易写了首《周至县北楼望山》：

> 一为趋走吏，尘土不开颜。
>
> 辜负平生眼，今朝始见山。

驱驰官场，不如流连山水。

这是无数正直文人在厌倦官场之后的感慨。

但是，心存家国天下，忧心社稷民生，他们又注定要寄身仕途。白居易便是如此，虽然喜欢云水间的无拘无束，但是他心系天下苍生，便不能永远寄身林泉山水。他必须带着自己为民请命的理想，回到不愿回去的官场。当然，无论如何，他不会在污浊昏暗的官场失去自己。他是白居易，永远是那样清正，出淤泥而不染。

生而为人，就不该失了风骨。无论身在何处，都要活出自己纯粹的模样。干干净净，清清白白。

周至有一座仙游山，山上有建于隋文帝时期的仙游寺。于白居易等人，那里是极好的去处。把酒临风，游目骋怀，吟诗作赋，寄情山水，极是风雅。一日，送王质夫归山，白居易写了首《送王十八归山寄题仙游寺》：

> 曾于太白峰前住，数到仙游寺里来。
>
> 黑水澄时潭底出，白云破处洞门开。
>
> 林间暖酒烧红叶，石上题诗扫绿苔。

惆怅旧游无复到，菊花时节羡君回。

林间暖酒烧红叶，石上题诗扫绿苔。这两句诗道出了白王二人林间闲赋、温酒助兴、题诗为记的逸兴趣事。而且，这两句诗不仅为国人熟记、雅士高谈，而且还远漂东海，被日本大江维时的《千载佳句》及藤原公任的《和汉郎咏集》等典籍收录，被异域之人传诵题铭。

生活，从来都是明暗交替的。

于诗人，有风有月，有诗有酒，便是好日子。脱离名利，纵情山水，更是好日子。

除了前面提及的几个人，白居易还与同在周至当县尉的李文略结为好友。李文略亦是舞文弄墨之人，又心怀百姓，白居易对他颇为赏识。他们也曾游山玩水，骑马踏雪，在寒冬里饮着村酒谈论诗赋。白居易在《酬李少府曹长官舍见赠》一诗中写道：

赖有李夫子，此怀聊自宽。两心如止水，彼此无波澜。
往往簿书暇，相劝强为欢。白马晚蹋雪，渌觞春暖寒。
恋月夜同宿，爱山晴共看。野性自相近，不是为同官。

元和二年（807）夏，周至大旱，连月无雨。白居易在《月夜登阁避暑》一诗中，表达了对百姓生活的忧心。后来，终于下了雨。白居易万分欣喜，雨夜造访隐居仙游山的尹公亮。那晚的情景，颇有几分王子猷雪夜访戴逵的意思。不同的是，王子猷并未见到戴逵，而白居易见到了好友尹公亮，还与之把酒倾谈，甚是快活。白居易写了首《秋霖中过尹纵之仙游山居》：

惨惨八月暮，连连三日霖。邑居尚愁寂，况乃在山林。
岁晚千万虑，并入方寸心。岩鸟共旅宿，草虫伴愁吟。
秋天床席冷，夜雨灯火深。怜君寂寞意，携酒一相寻。

一场雨，一壶酒，两个寂寞的人。

那夜的酒杯里，没有名利机巧，只有潇洒率真。

结尾或许如此："我醉欲眠卿且去，明朝有意抱琴来。"那是属于诗人的真性情。

卷三：宦海行舟

我们逃不出这岁月，也逃不出世事藩篱。

经过这世界，就注定要在岁月之中，艰苦跋涉，栉风沐雨。一程山水，一程悲喜，将漫长的路走成往事。

静看沧海桑田，几分唏嘘，几分惆怅。

翰林学士

你若从容，岁月无恙。

生活浮沉曲折，但我们可以活得淡然。

从容之人，纵然身处困顿激流，亦能等闲视之。

寻几分安谧，烹字煮茶，莳花种草。

没有谁的人生是万里晴川，一世和风细雨。总有人在风雨和荆棘面前，垂头丧气，不知所措。却也有人经历风雨洗礼，仍能淡定从容，于霏霏雨雪中，笑看浮生。

白居易生性旷达，不会沉沦于悲伤或惆怅。

日子苦涩，他便携了酒杯，于山水之间，寻几分醉意。两三知己，就一轮明月，临风把酒，乐在其中。

这天，白居易约了王质夫、陈鸿等人，同游仙游寺。云天之下，曲水流觞，倾谈诗词歌赋和古今世事，畅快淋漓。后来，他们说到了远去的大唐盛世，说到了安史之乱，说到了唐玄宗和杨贵妃。有的说安禄山祸国殃民，有的说唐玄宗声色犬马，有的说杨贵妃红颜祸水。那日，在别人畅谈期间，白居易话语却不多。但是，几日后，他写出了一首千古传诵的长诗《长恨歌》。

汉皇重色思倾国，御宇多年求不得。

杨家有女初长成，养在深闺人未识。

天生丽质难自弃，一朝选在君王侧。

回眸一笑百媚生，六宫粉黛无颜色。

春寒赐浴华清池，温泉水滑洗凝脂。

侍儿扶起娇无力，始是新承恩泽时。

云鬓花颜金步摇，芙蓉帐暖度春宵。

春宵苦短日高起，从此君王不早朝。

承欢侍宴无闲暇，春从春游夜专夜。

后宫佳丽三千人，三千宠爱在一身。

金屋妆成娇侍夜，玉楼宴罢醉和春。

……

昭阳殿里恩爱绝，蓬莱宫中日月长。

回头下望人寰处，不见长安见尘雾。

惟将旧物表深情，钿合金钗寄将去。

钗留一股合一扇，钗擘黄金合分钿。

但教心似金钿坚，天上人间会相见。

临别殷勤重寄词，词中有誓两心知。

七月七日长生殿，夜半无人私语时。

在天愿作比翼鸟，在地愿为连理枝。

天长地久有时尽，此恨绵绵无绝期。

唐玄宗，生平毁誉参半。

他的人生，就像一条河，在水光潋滟处，突然急转而下。

在位前期，拨乱反正，任用姚崇、宋璟等贤臣，励精图治，开创了辉煌的开元盛世。在位后期，宠爱杨贵妃，荒废朝政，宠信李林甫、杨国忠等奸臣，加上政策失误和重用安禄山等人来稳定大唐王朝的边疆，导致了长达八年的安史之乱，大唐从此一蹶不振。

丁毅、方超在《〈长恨歌〉评价之管窥》一文中认为，此诗是白居易借对历史人物的咏叹，抒发自己的心情。白居易年轻时与湘灵要好，奈何受门第观念阻碍，最终没能在一起，是他的终生遗憾。写这首诗时他即将结婚，想起了湘灵所以痛苦。

或许，写《长恨歌》的时候，白居易的确曾想起湘灵，想起他们绚丽的从前，不自禁地悲从中来。但是这首诗，主要还是对历史的记录和评价，借从前的故事讽喻现实。白居易希望，当今皇帝能够励精图治，振兴王朝，莫要沉迷于声色。

唐玄宗与杨贵妃，曾经你侬我侬，长恨春宵苦短。但是后来，风雨飘摇，天人永隔，一场爱情，只剩唐玄宗孤独的身影，在往事里徘徊。从前极度的乐，正反衬出后面无穷无尽的恨。唐玄宗的荒淫误国，导致了政治上的悲剧，反过来又导致了他和杨贵妃的爱情悲剧。悲剧的制造者最后成了悲剧的主人公，这是故事的特殊处、曲折处，也是诗中男女主人公长恨的原因。

在天愿作比翼鸟，在地愿为连理枝。誓言无声。天长地久有时尽，此恨绵绵无绝期。往事荒凉。

所有的柔情似水，终成一场长恨，绵绵无尽，挥之不去。

那倾城的红颜，早已在马嵬坡的尘土中睡去。那段叫作开元盛世的华美岁月，也早已成了过往。白居易伫立在中唐的大地上，遥望曾经的华年盛世，不胜感慨。只能凄然落笔，为那段故事添上韵脚，哀叹着警醒后人。

岁月长河，带走前尘往事，也带走锦瑟年华。

不经意间，我们已走出了过往，在大地上踽踽独行。往昔如诗，无处打捞，只有叹息的份儿。

元和二年（807）冬，白居易的仕途再现转机。他被调任进士考官、集贤校理，授翰林学士。白居易在《奉敕试制、书、诏、批、答、诗等五首》题下自注："元和二年十一月四日，自集贤院召赴银台候进旨。五日召入翰林，奉敕试制诏等五首。翰林院使梁守谦奉宣，宜授翰林学士。数月，除左拾遗。"

离开周至前，他与众好友把酒道别。

他以《晓别》一诗为周至的生活画上了句号。

晓鼓声已半，离筵坐难久。请君断肠歌，送我和泪酒。

月落欲明前，马嘶初别后。浩浩暗尘中，何由见回首。

白居易此次升迁，算是破格提拔。白居易久负诗名，策论文章也写得颇有见地，早已受到皇帝的关注。同时，唐宪宗继位不久，力图振兴朝政，决定广开言路。《旧唐书·白居易传》载："居易文辞富艳，尤精于诗笔。自雠校至结绶畿甸，所著歌诗数十百篇， 皆意存讽赋，箴时之病，补政之缺。而士君子多之，而往往流闻禁中。章武皇帝纳谏思理，渴闻谠言，二年十一月，召入翰林为学士。"

翰林院的翰林，在唐初只是个咨询身份，随时听候传唤，以备顾问。从玄宗朝开始，翰林的地位不断上升。唐肃宗时，一些深谋密诏，皆出于翰林之手。唐德宗时，翰林学士一般为六人，其中资历最高者独承密命，叫作翰林承旨学士。唐德宗贞元以后，往往由承旨学士担任宰相，入翰林院就相当于进入枢密机关，地位非比寻常。

不久后，白居易回到长安，进入了翰林院。无疑，这是极好的回归。翰林院中已有崔群、裴垍、李绛、李程、王涯五人，他们与白居易组成了翰林院六位翰林学士的阵容。五人之中，最早与白居易相识的是崔群。崔群出身山东望族，才华横溢，与白居易彼此钦慕。白居易入翰林院以后，两人很快相熟，此后时常把酒吟诗，纵论天下。除了崔群，其他四人也是风雅之人，与白居易多有诗酒往来。

此时的白居易，可谓人生得意。

那么，此时最重要的事情，恐怕就是婚姻大事了。而这也是他的一块心病，无药可医。

他的心里，始终放不下那个叫湘灵的女子。但是世俗的门第观念，冷冷地横在他们中间，无力回避。白居易多次向母亲说出娶湘灵为妻的愿望，甚至说非她不娶。但是陈氏嫌弃湘灵出身低微，一直不答应。尤其是当白居易仕途渐有光明的时候，她更是坚持，儿子前程似锦，必须娶一个门当户对的大家闺秀，而不是那个寒门女子。正因为双方各自坚持，所以白居易年过而立仍是孤身一人。白居易是个孝顺的人，为了让母亲心安，最终选择了妥协。

元和三年（808）夏，三十七岁的白居易，受母命与杨氏联姻。这场婚姻对于白家和杨家来说，可谓皆大欢喜。白居易的母亲见儿子完婚，娶了诗礼簪缨之家的女子，总算了却了一桩心事，甚是欢喜。

白居易的心里，却是五味杂陈。

他知道，那个他最喜欢、最惦念的女子，还在远方等他。新婚之夜，灯火下的喧嚣里，白居易的叹息，无人听见。

湘灵，知他冷暖，懂他悲喜。一别多年，她仍在南方，等待着深爱着的那个男子从远方回来娶她为妻，与其共度素色锦年。她知道，他们身份悬殊，但她就是不舍得放下。因为放不下，所以渐渐憔悴。

日子凄楚。

后来，父亲去世，她成了无枝可依的女子，身似浮萍。父亲临终时，希望她放下白居易，嫁一个踏实的男子，安然度日。但她做不到。她说过，非他不嫁。这份承诺，她始终坚守着。最终，守成了荒凉。她漂泊江湖，不曾嫁人。冷月残年，形单影只。

> 不得哭，潜别离。
>
> 不得语，暗相思。
>
> 两心之外无人知。
>
> 深笼夜锁独栖鸟，利剑春断连理枝。
>
> 河水虽浊有清日，乌头虽黑有白时。
>
> 惟有潜离与暗别，彼此甘心无后期。

远方，白居易翻看着写给湘灵的《潜别离》，泪眼迷离。

一段爱情，一个黯然的惊叹号，一场跨越千年的悲伤。他愿为她倾尽温柔，她愿为他老尽红颜。

但最终，只是彼此心头的朱砂痣。

寒夜，温一壶酒

> 问世间，情是何物，直教生死相许？

天南地北双飞客，老翅几回寒暑。

欢乐趣，离别苦，就中更有痴儿女。

君应有语：渺万里层云，千山暮雪，只影向谁去？

"爱情"两个字，太美。似陌上花开，似秋月无边。正因为太美，世间之人往往愿意纵身跃入，义无反顾。然而，世事往往是越美丽就越危险。一场沉迷后，往往就是漫长的悲伤。于是，爱情之美，便有了别样的说法——凄美。

那深情的才子，那寂寞的红颜。白居易和湘灵，爱得深沉，却终于还是人各天涯。

此后纵有消息，也不过是心头几片涟漪，惆怅着抚平。欧阳修有首《南歌子》，写新婚生活的欢愉：

凤髻金泥带，龙纹玉掌梳。走来窗下笑相扶，爱道画眉深浅入时无。

弄笔偎人久，描花试手初。等闲妨了绣功夫，笑问鸳鸯两字怎生书？

人生四大幸事，洞房花烛夜是其中之一。

这首词写新婚生活，柔情蜜意，缠绵不已。上阕中，女子走到丈夫的身边，依偎在他的怀里，撒娇地问他，描眉画得是否合适？下阕中，女子双手摆弄着笔管描画刺绣。因为缱绻缠绵，耽误了刺绣的时间，却也是笑着问丈夫，"鸳鸯"两个字该怎么写？

新婚晏尔，该是这般模样。但白居易新婚的那些日子，并没有多欢喜，只因他心里藏着对湘灵的愧疚。说过的非她不娶，终于食言，他心里极不是滋味。这愧疚伴着他直到生命的尽头，从未散去。只不过少有人知罢了。

他惦念的那个女子，在红尘漂泊。

得知白居易完婚，她便离开了符离，从此多年杳无音信。一袭素衣，西风满目。天涯零落，无枝可依。

白居易的新婚妻子杨氏，也是温静贤淑的女子。只不过她虽出身书香门第，但是恪守着"女子无才便是德"的古训，仅略通文墨。她欣赏白居易的才华，但她不希望自己的丈夫沉迷于诗酒之中。她更多的期望是，白居易能够在仕途上扶摇直上，登临绝顶，笑傲天下。

她喜欢，在他的声名之下，光彩地活着。而白居易虽有仕途晋升的愿望，却是因为心系天下苍生。他心性淡泊，并非贪图名利之人。婚后不久，应杨氏所求，白居易作了首《赠内》：

生为同室亲，死为同穴尘。他人尚相勉，而况我与君。

黔娄固穷士，妻贤忘其贫。冀缺一农夫，妻敬俨如宾。

陶潜不营生，翟氏自爨薪。梁鸿不肯仕，孟光甘布裙。

君虽不读书，此事耳亦闻。至此千载后，传是何如人？

人生未死间，不能忘其身。所须者衣食，不过饱与温。

蔬食足充饥，何必膏粱珍？缯絮足御寒，何必锦绣文？

君家有贻训，清白遗子孙。我亦贞苦士，与君新结婚。

庶保贫与素，偕老同欣欣。

人生于世，应当知足。

粗茶淡饭，布衣荆钗，安心就好。

富贵名利，皆如浮云，不该为此苦心孤诣。

这就是白居易的人生态度。可惜，杨氏未必懂他。

据《唐会要·制科举》记载，元和三年（808）四月，在由吏部官员主持的"贤良方正能直言极谏科"考试中，以牛僧孺、李宗闵为首的考生在试卷中对当时的政治弊病提出了严厉的批判，言辞犀利，透露着对当朝某些权臣的不满，被考官韦贯之等招为上第录取。复试官裴垍、王涯等人对此次选拔结果并无异议。

但此事很快被宰相李吉甫知晓，他认为牛僧孺等考生的矛头直指自己，并且抨击当今圣上无所作为。此事引起朝野哗然，大臣们争着为牛僧孺等人鸣冤叫屈，谴责李吉甫嫉贤妒能。迫于压力，唐宪宗只好将李吉甫贬为淮南节度使，另任命宰相。此后，朝廷中旧士族和宦官集团与改革派之间的斗争越来越激烈，后来便形成了以牛僧孺、李宗闵等为领袖的牛党和以李德裕、郑覃等为领袖的李党之间的漫长争斗。

这场斗争，从唐宪宗时期开始，到唐宣宗时期才结束，持续时间将近四十年，被称为"牛李党争"。最终以牛党苟延残喘、李党离开中央而结束。"牛李党争"是唐朝后期宦官专权、朝廷腐败衰落的集中表现，加深了大唐王朝的统治危机。

在那场制策考试中，白居易的好友裴垍和王涯相继被贬出了翰林院，出任地方官。白居易虽未受牵连，但好友们被贬离京，他甚感失落。

同年四月二十八日，白居易被皇帝钦点为左拾遗，仍是翰林学士。白居易在《初授拾遗献书》中写道："五月八日，翰林学士将仕郎守左拾遗臣白居易顿首顿首，谨昧死奉书于旒扆之下。臣伏奉前月二十八日恩制，除授臣左拾遗。"

左拾遗虽然官职仅为八品上，但属于皇帝近臣，主要负责供奉和进谏等事务。遇到朝廷大事，左拾遗可以直抒己见，参议朝政，还可以直接向皇帝进谏，分析利弊。

对于皇帝的恩遇，白居易甚是感激。他在《初授拾遗献书》中表明其志："授官已来，仅将十日，食不知味，寝不遑安。惟思粉身，以答殊宠……"另外，他还作有《初授拾遗》一诗：

奉诏登左掖，束带参朝议。何言初命卑，且脱风尘吏。

杜甫陈子昂，才名括天地。当时非不遇，尚无过斯位。

况余寒薄者，宠至不自意。惊近白日光，惭非青云器。

天子方从谏，朝廷无忌讳。岂不思匪躬，适遇时无事。

受命已旬月，饱食随班次。谏纸忽盈箱，对之终自愧。

身为谏官，白居易不负皇帝所望，始终直言进谏，刚正不阿。同时，他也不忘为好友伸张正义。裴垍、王涯等人被贬，白居易上《论制科人状》，明确表态，认为裴垍等人都是忠正之士，对他们的处罚失当。尽管上书未果，但他已经尽力，问心无愧。

朋友，不该只有盛筵上的觥筹交错，而应无论身处何地，患难与共，肝胆相照。

谁都知道，官场如战场，刀光剑影无处不见。一步走错，便可能满盘皆输。因此，官场之上，大多数人战战兢兢，如履薄冰。那里，多的是明哲保身之辈，少的是刚正仗义之人。白居易属于后者，为了朋友，他甘愿赴汤蹈火。

好友离京，翰林院的生活少了些闲雅。元和三年（808）八月，与白居易同年进士及第的钱徽入翰林院，时与白居易诗酒唱和，白居易又寻得了几分快味。他先后写有《同钱员外禁中夜直》与《冬夜与钱员外同直禁中》等诗。

宫漏三声知半夜，好风凉月满松筠。

此时闲坐寂无语，药树影中唯两人。

夜深草诏罢，霜月凄凛凛。欲卧暖残杯，灯前相对饮。

连铺青缣被，封置通中枕。仿佛百余宵，与君同此寝。

凉风好月，万籁俱寂。

闲坐无言，知己间的默契，足以温暖时光。

寒夜，温一壶酒，对几行诗，整个世界，皆是情意。

更令白居易高兴的是，好友元稹丁母忧三年期满，被提拔为监察御史，回到了长安。白居易在家里为元稹接风洗尘，有弟弟白行简及杨虞卿兄弟等人作陪。凉月满天，人间寂静。诗酒成欢的画面，成了千年的风雅。

那日，元稹拿出了校书郎李绅的二十首《乐府新题》，以及自己的十二首和诗。这些诗反映了当时政治、军事、民情、文化等各方面的弊病，白居易非常喜欢，并且有感而发，也和诗十首，取名《秦中吟》，后经扩充，定名为《新乐府》。

白居易的这些诗，饱含着他对江山社稷的忧心和对黎民百姓的关怀，可谓字字真情。自然，其中也有他"达则兼济天下"的理想。较著名的有《卖炭翁》《杜陵叟》《上阳白发人》《伤宅》等，其中《伤宅》写道：

谁家起甲第，朱门大道边？丰屋中栉比，高墙外回环。
累累六七堂，栋宇相连延。一堂费百万，郁郁起青烟。
洞房温且清，寒暑不能忏。高堂虚且迥，坐卧见南山。
绕廊紫藤架，夹砌红药栏。攀枝摘樱桃，带花移牡丹。
主人此中坐，十载为大官。厨有臭败肉，库有贯朽钱。
谁能将我语，问尔骨肉间：岂无穷贱者，忍不救饥寒？
如何奉一身，直欲保千年？不见马家宅，今作奉诚园。

白居易和元稹倡导创作新题乐府诗，影响深远，被称为新乐府运动。"新乐府"即"新题乐府"，相对于古乐府而言，指的是一种用新题写时事的乐府诗，不再以入乐与否作为标准。

新乐府诗人承接了杜甫社会写实的风格，试图在诗中反映民生疾苦和社会弊端。然而，此类型的创作不免会触及权贵人士的利益，因此在风气的推展上并不顺利。但是其中忧国忧民的精神，无论在文学史上还是人道关怀上都是难能可贵的。

白居易也似忧伤的杜子美，对天下苍生，一片深情。

先天下之忧而忧，后天下之乐而乐。范文正公之言，正合他的心怀。

唯我知君此夜心

人生的路上，我们都风尘仆仆。

在晨昏与春秋之间，走走停停，寻寻觅觅。

我们不该沉沦于孤独惆怅，纵然只剩一隅天地，至少还能与那个曾经的自己把酒言欢。身为左拾遗，白居易竭尽所能，不敢有丝毫懈怠。闲暇时，他也会约新知故友游赏云山，流连诗酒。此时，白居易的人生，既忙碌，又不失兴味，日子很是丰盈。

元和三年（808）夏秋之际，李吉甫被罢相。秋天，淮南节度使王锷入京。据《旧唐书·宪宗本纪》载："九月己丑，淮南节度使王锷来朝。"到长安后，他到处结交达官贵人，还送厚礼给宪宗倚仗的宦官，谋求宰相位置。王锷为山西太原人，本是湖南团练的一员营将，后来因屡有战功逐步被提拔重用。

此人唯利是图，贪得无厌，又极谙阿谀逢迎之道，白居易对他早有耳闻。这样的人若登上相位，恐怕又是李林甫、杨国忠之流，于江山社稷必无益处。于是，白居易写了篇《论王锷欲除官事宜状》，直谏宪宗。宪宗采纳了白居易的意见，打消了任命王锷为宰相的念头。不过，六年以后，王锷终于还是做了宰相。

白居易此举，定然会为自己树敌不少。

无论是王锷本人，还是他的拥趸，都会怀恨在心。

但是白居易知道，身为左拾遗，为了社稷安危，不能不谏。不愿唯唯诺诺，但求无愧于心。这就是白居易。

他曾多次为被贬好友上书，可惜皆无下文。对于宪宗的某些喜好，白居易也会以诗讽喻。宪宗喜欢游乐，尤其喜欢外出狩猎。对此，白居易持反对态度，他写了首《八骏图》，以周穆王之事，暗示宪宗。

传说，周穆王曾乘八匹骏马，不远万里，去赴西王母的瑶池之约，置整个周王朝的兴废大事于不顾。白居易以此事劝谏宪宗，希望他专心于朝政。然而，宪宗依旧我行我素，到处游玩狩猎。除此之外，宪宗还笃信道教，沉迷于长生不老之说。对此，白居易写了首《海漫漫》来劝诫。

海漫漫，直下无底旁无边。

云涛烟浪最深处，人传中有三神山。

山上多生不死药，服之羽化为天仙。

秦皇汉武信此语，方士年年采药去。

蓬莱今古但闻名，烟水茫茫无觅处。

海漫漫，风浩浩，眼穿不见蓬莱岛。

不见蓬莱不敢归，童男丱女舟中老。

徐福文成多诳诞，上元太一虚祈祷。

君看骊山顶上茂陵头，毕竟悲风吹蔓草。

何况玄元圣祖五千言，不言药，不言仙，不言白日升青天。

对于白居易的劝谏，宪宗心里很是不悦，对白居易越来越不满。

就朝廷派系来说，力图振兴朝政的宪宗，心里是支持改革派的。但他是皇帝，必须平衡各方面的关系。宦官集团、旧士族，以及改革派，三股力量长期影响着中晚唐的政治，历代皇帝都不得不竭力安抚。宪宗也是如此。

王锷未能如愿成为宰相，但许多藩镇的旧士族仍在蠢蠢欲动。宪宗见此情形，决定打压旧士族。于是，他重新任用之前因科考案被贬谪的裴垍，提升他为宰相。

好友回京，白居易甚是欣喜。

但是，官场上的尔虞我诈，还是让白居易疲惫不堪。

只有那些临山近水的日子，能够让他寻得几分安闲。他在《松斋自题》中写道：

非老亦非少，年过三纪余。非贱亦非贵，朝登一命初。

才小分易足，心宽体长舒。充肠皆美食，容膝即安居。

况此松斋下，一琴数帙书。书不求甚解，琴聊以自娱。

夜直入君门，晚归卧吾庐。形骸委顺动，方寸付空虚。

持此将过日，自然多晏如。昏昏复默默，非智亦非愚。

如果可以，他愿意守着几间茅屋，琴书自娱。

但他是白居易，心里除了山水云月，还有万千黎民。他不能为了寄情山水，毅然卸下束缚。

元和四年（809）九月，成德军节度使王承宗囚禁了德州刺史薛昌朝。宪宗闻讯，立刻传谕派兵前去解救薛昌朝，并且将属于王承宗的德、棣二州割去。王承宗拒不奉诏。宪宗大怒，削了他的爵位。

十月，宪宗下诏，任命宦官吐突承璀为招讨处置使和左神策军护军中尉等职，准备征讨王承宗。吐突承璀原本只是宪宗为太子时东宫的一个小太监，因长期侍奉而得宠。以他为大将军，率兵讨伐藩镇，甚是荒唐。皇帝下诏后，满朝文武都震惊不已。白居易立即上书《论承璀职名状》，大意是，依照祖训，绝不能让宦官执掌军事大权。

此事关系到大唐安危，白居易希望宪宗收回成命。最终，宪宗削去了吐突承璀招讨处置使之职，改为招讨宣慰使。此番谏言，矛头直指宪宗宠臣，勇气可嘉。只不过，白居易的仕途也因此多了一处险滩。此类事情多了，后来的仕途定会坎坷不尽。但是白居易恪守着真性情和忠正为官的信仰，不曾为了仕途而选择沉默。

这段时间以来，白居易的日子不太平，元稹的生活也是风云突变。

元稹丁母忧回京后，常与白居易相约，围炉对酒，踏雪寻梅。但是，这样的日子，终有结束的时候。

元和四年（809）春，元稹奉命出使剑南东川。意气风发的他平反了不少冤案，查办了许多贪官污吏，得到当地民众的广泛赞誉。白居易更是作诗赠他："其心如肺石，动必达穷民。东川八十家，冤愤一言伸。"

回京以后，元稹很快就来到白居易的住处，仍是烹茶煮酒，乐而忘忧。他带来了自己出使途中所作之诗，在他走后白居易仔细品读，颇为入心。后来，白居易读到了元稹在嘉陵驿写的《使东川·嘉陵驿二首》，心中窃笑。

嘉陵驿上空床客，一夜嘉陵江水声。
仍对墙南满山树，野花撩乱月胧明。

墙外花枝压短墙，月明还照半张床。
无人会得此时意，一夜独眠西畔廊。

既为知己，自能知晓彼此心事。

于是，带着几分酒意，白居易写了《酬和元九东川路诗十二首·嘉陵夜有怀二首》：

露湿墙花春意深，西廊月上半床阴。

怜君独卧无言语，唯我知君此夜心。

不明不暗胧胧月，不暖不寒慢慢风。
独卧空床好天气，平明闲事到心中。

文人相交，便是如此。

既能患难与共，亦能诗酒相酬。

吟诗对句，不经意间，生活便多了几分翩然。仔细体味，仍是大唐的气息。

事实上，白居易读着元稹的诗，一口气写了十二首和诗。此后，两人仍旧时常见面，把酒酬唱。然而，元稹的好心情没持续多久。本是办了件大快人心之事，但是因为触及了朝中旧官僚及藩镇集团的利益，元稹不仅没有得到升迁，反而于六月被发配到了东台（东都洛阳的御史台）。

长安城，白居易和弟弟白行简为元稹钱行。几杯浊酒，夏风习习。离别一如往常，不无伤感。

没想到，元稹的悲剧还在上演。七月，妻子韦丛因病溘然长逝。他们成婚数年，相濡以沫，感情甚笃。如今，花月纵横，伊人独去。孤灯之下，元稹默默无语。悲伤落地，转眼成冰。

这是个寒凉的七月，心痛无痕。

元稹只能将悲伤寄放在文字中。他写了很多悼亡诗，字字泣血，其中包括三首《遣悲怀》和五首《离思》。他在《遣悲怀三首·其三》

中写道：

闲坐悲君亦自悲，百年都是几多时。

邓攸无子寻知命，潘岳悼亡犹费词。

同穴窅冥何所望，他生缘会更难期。

惟将终夜常开眼，报答平生未展眉。

他是个多情之人。

尽管世人对他多有贬斥，但妻子离世，他肝肠寸断。黄泉碧落，寻她不见。整个世界，就像一片荒野。

后来，一位旷达的文人，曾豪迈地唱着"大江东去，浪淘尽、千古风流人物"之歌。也曾在妻子离世后，心如刀割。即使是十年后悲伤仍在继续，也只能将悲伤默默地留在文字里。他就是苏轼。

他在《江城子·乙卯正月二十日夜记梦》中写道：

十年生死两茫茫，不思量，自难忘。千里孤坟，无处话凄凉。纵使相逢应不识，尘满面，鬓如霜。

夜来幽梦忽还乡，小轩窗，正梳妆。相顾无言，惟有泪千行。料得年年肠断处，明月夜，短松冈。

再后来，又一位年轻的词人失去了年华正好的妻子。

这位词人悼亡诗写了很多首，却终是"西风多少恨，吹不散眉弯"。

悲痛欲绝，也只有借文字的肩膀，聊作依靠。他就是纳兰容若，他写下了著名的《浣溪沙》：

谁念西风独自凉？萧萧黄叶闭疏窗。沉思往事立残阳。

被酒莫惊春睡重，赌书消得泼茶香。当时只道是寻常。

"当时只道是寻常"。太悲凉。

没有经历生离死别的人，不会明白此中味道。

元稹明白。他泪眼模糊，仍在念着《离诗五首·其四》中悲伤的诗句：

曾经沧海难为水，除却巫山不是云。

取次花丛懒回顾，半缘修道半缘君。

岁月如冰

生活如雨，我们撑伞选择原谅。

岁月如冰，我们把盏选择忘忧。

于红尘，我们是过客；于岁月，我们是微尘。

我们在一处叫作生活的风景里行走，永远被牵着，或聚或散，或悲或喜。于生活，我们只是沉默的拾荒者。其实，当我们学会从容，学会看淡浮沉聚散，便是生活的主人。

元稹失去发妻，肝肠寸断。得知此事的白居易，亦是悲不自胜。世间所有的悲伤，都只能由经历的人自己来承受，无人能够代替。白居易同情元稹的不幸，却只能尽力宽慰，劝他读佛经，寻得心安。

许多日子过去，元稹心情渐渐好转，开始处理公务，接连处理了一些多年的积案。但是有件事，元稹给自己招来了麻烦。元和五年（810），河南尹房式（房玄龄之后）因事犯法，元稹上表弹劾。要知道，河南尹是从三品大员，元稹只是八品的监察御史。这次弹劾，使一众西京官僚大为恼火。结果，宪宗不但没有追究房式的罪责，还下旨停了元稹的俸禄，并且命他立即回长安。

元稹无奈，只能遵旨返京。路过华州，暮色沉沉，他决定在敷水驿（今陕西华阴西南）住宿一晚。当天晚上，宦官仇士良也到了敷水驿。仗着自己是皇帝宠幸之人，仇士良非要元稹把房间让给他。元稹性情刚直，又本就对宦官极为不屑，见仇士良如此强横，严词拒绝。

结果，仇士良命令宦官刘士元将元稹毒打一顿，还将他的随身物品全部扔了出去。元稹一介书生，只得逃走。没想到，仇士良等人还不肯善罢甘休，回京后又上书宪宗，告元稹无礼。宰相杜佑等人素来不喜元稹，也从中挑唆。于是，当元稹回到长安后，刚到御史台汇报完毕，就接到了处罚他的圣旨，被贬为江陵府士曹参军。据《旧唐书·宪宗本纪》载："二月，东台监察御史元稹摄河南尹房式于台，擅令停务，贬江陵府士曹参军。"

翰林学士李绛、崔群等人上书宪宗，力陈元稹无罪，不应贬谪，宪宗无动于衷。知交受辱又被贬，白居易既愤怒又焦急。他连上三份奏疏，力陈元稹为人正直不阿，指斥宦官霸道猖獗，亦是无果。白居易很难过，既为好友的遭遇，也为大唐朝廷的昏暗。

元稹起程前往江陵，白居易为他饯行。

几杯薄酒，几句叮嘱。长亭古道，芳草碧连天。

一场雨淅淅沥沥，淋湿了离别。

元和五年（810）五月，白居易被授为京兆府户曹参军。据《旧唐书·白居易传》载："上谓崔群曰：'居易官卑俸薄，拘于资地，不能超等，其官可听自便奏来。'居易奏曰：'臣闻姜公辅为内职，求为京府判司，为奉亲也。臣有老母，家贫养薄，乞如公辅例。'于是，除京兆府户曹参军。"

他的俸禄提高了，却失去了实权。对白居易的屡次直言上书，宪宗早已厌烦。因此，白居易看似升迁，实则是降职。不过也好，仕途艰险，官场昏暗，他早已厌倦，所以并不在意。甚至，他还写了首《初除户曹，喜而言志》，表达喜悦之情。自然，喜悦之中，有说不出的愤懑。

诏授户曹掾，捧诏感君恩。感恩非为己，禄养及吾亲。

弟兄俱簪笏，新妇俨衣巾。罗列高堂下，拜庆正纷纷。

俸钱四五万，月可奉晨昏。廪禄二百石，岁可盈仓囷。

喧喧车马来，贺客满我门。不以我为贪，知我家内贫。

置酒延贺客，客容亦欢欣。笑云今日后，不复忧空樽。

答云如君言，愿君少逡巡。我有平生志，醉后为君陈。

人生百岁期，七十有几人。浮荣及虚位，皆是身之宾。

唯有衣与食，此事粗关身。苟免饥寒外，余物尽浮云。

其实，人生在世，所赖无非温饱。

广厦华服，虚名浮利，皆是过眼云烟。

清简度日，箪食瓢饮陋巷，若能心安，自有几分情趣。

夜晚，月光洒落，大地清白。可惜，仕途如泥淖，没有清白可言。

在千里之外的江陵，元稹读到了白居易的这首诗，知道他苍白的欢喜背后，藏着悲凉和愁闷。于是，元稹写了首和诗，遥寄白居易。

他说，"归来高堂上，兄弟罗酒樽"；他说，"我实知君者，千里能具陈"。作为知己，白居易的悲伤与欢喜，他都知道。只可惜隔着千里关山，不能共饮几杯，话尽寂寥。

元和六年（811）初，一场大雪降临长安。韩愈在《辛卯年雪》中写道："元和六年春，寒气不肯归。河南二月末，雪花一尺围。"

白皑皑的世界，诡诈与机巧、明枪与暗箭，被掩饰得天衣无缝。一片澄澈之下，许多事悄然上演，许多人蠢蠢欲动。不久后，李吉甫被召回朝廷，并得到了重用。旧官僚与改革派之间的斗争，必将再次上演。朝廷上，山雨欲来风满楼。

这年三月末，检校右仆射严绶因长期依附宦官集团，被提升为江陵尹、荆南节度使。白居易知道此人心性不纯，能力有限，无力胜任此职位，便上书宪宗，希望他改变决定。然而，宪宗不为所动，白居易也只有叹息的份儿。

四月，白居易母亲心病突发，落井而逝。白居易在《襄州别驾府君事状》中写道："夫人颍川陈氏……元和六年四月三日，殁于长安宣平里第，享年五十七。"

那些年，陈氏一直患有心疾。白居易娶妻后，她虽然在精神上稍感慰藉，身体却是每况愈下。十五岁的时候，陈氏嫁给了四十一岁的白季庚，婚姻算是不幸。

白季庚离世后，陈氏带着几个孩子奔波于乱世，甚是辛苦，心疾时有发作。白居易为官后到处寻访名医为母亲医治，但母亲的身体始终不见好转。如今，她带着一身疲惫，离开了纷纷扰扰的世界，白居易痛彻心扉。年少时母亲教他读书，后来母亲带着兄弟们贫困度日的画面，历历在目。在他终于能让母亲过得安稳的时候，母亲却撒手而去了。

四月的人间，不该属于离别。

红尘阡陌，花开如锦。总有人转身而去，不再回来。万里花明柳暗，不见陌上归人，是春天的悲伤。

再悲伤，也只是生者的黯然。白居易兄弟几人将母亲的灵柩送回了祖坟所在地渭南下邽，择日安葬。这年深秋，他们又将寄厝在新郑的祖父白锽及祖母的灵柩和寄厝在襄阳的父亲白季庚的灵柩归葬祖坟，了了多年的心愿。

大概是因为悲伤过度，安葬好家人的灵柩后，白居易病倒了。浑身乏力，热烧多日不退。杨氏是个温柔贤惠的女子，在白居易生病期间，一直陪在身边，悉心照顾。渐渐地，白居易的身体好了起来。没想到，三岁的女儿金銮子却在此时突发疾病，不幸夭折了。

女儿出生后，便成了白居易的心灵慰藉。他视她如宝，无比怜爱。但是现在，乖巧的女儿永远离开了他。白居易那颗憔悴的心，碎落一地。命运多舛，世事无常，谁都没有办法。他在《自觉二首》中写道：

> 朝哭心所爱，暮哭心所亲。亲爱零落尽，安用身独存？
>
> 几许平生欢，无限骨肉恩。结为肠间痛，聚作鼻头辛。
>
> 悲来四支缓，泣尽双眸昏。所以年四十，心如七十人。
>
> 我闻浮屠教，中有解脱门。置心为止水，视身如浮云。
>
> 斗薮垢秽衣，度脱生死轮。胡为恋此苦，不去犹逡巡。
>
> 回念发弘愿，愿此见在身。但受过去报，不结将来因。
>
> 誓以智慧水，永洗烦恼尘。不将恩爱子，更种悲忧根。

"生活"二字，玄机重重。

都说风雨后便有彩虹，黯淡里总有清明，但有时，风雨之后仍是风雨，落花后面仍是落花。

安葬完几位家人，白居易的积蓄已所剩无多。如今，女儿离世，他想要挑选上等棺木来厚葬爱女，却无能为力。结果，杨氏当了玉镯，才将女儿安葬。亲人连续离世，白居易的心境极是荒凉。他只能将自己安置在佛法中，寻求安详。此时的白居易，已有了归隐之意。他在《隐几》中写道：

身适忘四支，心适忘是非。既适又忘适，不知吾是谁。

百体如槁木，兀然无所知。方寸如死灰，寂然无所思。

今日复明日，身心忽两遗。行年三十九，岁暮日斜时。

四十心不动，吾今其庶几？

白居易独坐着，看天上浮云，回忆前尘往事，只觉得一切皆是镜花水月。渐渐地，他看到了几许清明。

原本，缘起即灭，缘生已空，执着无益。人来人去，云卷云舒，皆是缘分。

诗酒田园

刹那风起，岁月凌乱。

故事里的人们，匹马西风，天涯踽踽。

人生就像一场静默的花开，总会于某年某日，凋谢于无声。岁月深处，一切皆在浮沉聚散之中。花开花谢，月圆月缺，都会如期发生。尘缘亦是如此。生于尘世，我们总会结识许多人，同行陌上，把盏风前。那些日子，无比温暖。但是，不知何时，盛筵散场，知交离散。各自零落天涯，从前的温暖便成了凄凉。

缘聚缘散，一如花开花落。

我们能做的，就是珍惜那些相共的日子。

对白居易来说，元和六年（811）无疑是风雨如晦之年。慈爱的母亲、乖巧的女儿，相继离开了人世，悲伤如风刀霜剑。而他自己，也因为悲伤被病痛纠缠许久。四十岁正值壮年，突然间华发丛生，一副苍老憔悴模样。

病情好转后，白居易时常前往深山古寺，于佛火经卷之中，寻几许安宁。古寺之中，没有喧嚷纷争，只有晨钟暮鼓，敲击着万古岁月；佛灯随风摇摆，照着世间不变的悲欢聚散。白居易喜欢那份静谧和安详。在那里，他曾写诗《兰若寓居》：

名宦老慵求，退身安草野。家园病懒归，寄居在兰若。
薜衣换簪组，藜杖代车马。行止辄自由，甚觉身潇洒。
晨游南坞上，夜息东庵下。人间千万事，无有关心者。

林泉古寺，粗布麻衣。

心有安放之处，足迹所至，俱是归途。

人生之乐，原本就不在于良田广厦、玉盘珍馐，而在于情有可寄，心有所安。

生命的途中，起落浮沉、悲欢离合，都无法避免。既然如此，与其沉沦于悲苦惆怅，不如学着淡然处之，淡看一切变化。

白居易是洒脱之人，不会败于悲苦。

亲人相继离世，他承受了捶心之痛。但他还是从悲痛中走了出来。

水边林下，古寺深山，皆是安放身心之处。

元和六年（811）七月，元稹来到他的身边，白居易满心欢喜。元稹知道白居易手头拮据，自己虽谪居僻地，但还是给了白居易一些银两，此后两年又数次托人送钱物来，资助白居易度过艰难岁月。

白居易母亲离世，元稹也是心痛无比。他写了一篇祭文，情真意切。那段日子，他们时常共坐花前，于徐徐清风中，把盏倾谈，闲话古今。有时候，同行于山间云下，自由畅快，流连忘返，一副斜风细雨不须归的模样。

有知己相随，那些日子甚是欢畅。

只是，所有的相聚，终将以离别来收场。

就像人们所言，天下没有不散的筵席。离别时，各自伤感，自不必说。

冬天，兄长白幼文来到下邽，与白居易相聚数日。兄弟相逢，把酒言欢，又是另一番情致。飞雪的日子，他们也曾围炉对酌，夜话人间世事。白幼文走时，白居易十分伤感，一首《送兄弟回雪夜》，黯然之中，别有禅意。

日晦云气黄，东北风切切。时从村南还，新与兄弟别。

离襟泪犹湿，回马嘶未歇。欲归一室坐，天阴多无月。

夜长火消尽，岁暮雨凝结。寂寞满炉灰，飘零上阶雪。

对雪画寒灰，残灯明复灭。灰死如我心，雪白如我发。

所遇皆如此，顷刻堪愁绝。回念入坐忘，转忧作禅悦。

平生洗心法，正为今宵设。

这一年，好友裴垍病故，白居易难过了许久。其后，白居易的另一好友李绛升为宰相。白居易知道，裴垍离世，多是因为仕途的昏暗和纷扰。宦海浮沉让倔强的裴垍忧思成疾，抑郁而终。白居易也知道，李绛与裴垍性情相似，在云谲波诡的朝堂上，也必会遭遇各种波折，恐怕会步裴垍的后尘。因此，白居易甚为好友担忧。

不管怎样，他还要在下邽继续自己的生活。丁忧期间，没有俸禄，他只能自力更生。这样也好，他可以在静默的土地上，体会春种秋收的快乐。乡野山村，青山绿水，若能安然面对，便可自得其乐。

多年前，陶渊明辞官，过上了农家生活。躬耕山野，春华秋实，偶尔行经山水，偶尔饮酒写诗，日子就在土地上长成了闲适。在陶渊明的《归园田居·其一》中，生活是这样的：

少无适俗韵，性本爱丘山。误落尘网中，一去三十年。
羁鸟恋旧林，池鱼思故渊。开荒南野际，守拙归园田。
方宅十余亩，草屋八九间。榆柳荫后檐，桃李罗堂前。
暧暧远人村，依依墟里烟。狗吠深巷中，鸡鸣桑树颠。
户庭无尘杂，虚室有余闲。久在樊笼里，复得返自然。

"东篱采菊，南山种豆。"这样的画面，无数人向往，却只有少数人抵达。

毕竟，村居的日子，有闲适，也有寂寥，不是谁都能消受的。

现在，远离了繁华喧嚣和官场是非，白居易的日子别有意趣。农耕的生活，虽有劳作之苦，但他有诗有酒，便能苦中作乐。躬耕陌上的时光里，他时常研读陶渊明的诗作，甚觉入心。他也仿效陶渊明，写了《归田三首》，以及《效陶潜体诗十六首》，几许素淡，几许悠然。他在《归田三首·其一》中写道：

> 人生何所欲？所欲唯两端。中人爱富贵，高士慕神仙。
>
> 神仙须有籍，富贵亦在天。莫恋长安道，莫寻方丈山。
>
> 西京尘浩浩，东海浪漫漫。金门不可入，琪树何由攀。
>
> 不如归山下，如法种春田。

偶尔，白居易也会安坐云水。

闲来无事，渭水之畔有他悠然垂钓的身影。这期间，他写下了《渭上偶钓》。

恍惚间，那身影便是三千年前垂钓渭水的姜太公。那时候，姜太公独坐此处，用直钩钓鱼，最终被周文王发现并受到重用，帮助其推翻了商纣王的统治，建立了历时近八百年的周朝。如今，白居易垂钓渭水，也必定带着被朝廷重用的愿望。

> 渭水如镜色，中有鲤与鲂。偶持一竿竹，悬钓在其傍。
>
> 微风吹钓丝，袅袅十尺长。谁知对鱼坐，心在无何乡。

昔有白头人，亦钓此渭阳。钓人不钓鱼，七十得文王。

况我垂钓意，人鱼又兼忘。无机两不得，但弄秋水光。

兴尽钓亦罢，归来饮我觞。

垂钓，本就是闲暇之时的乐事。

目的不在于鱼，而在于钓的过程和其中的闲兴。

垂钓而得的，可以是秋水，可以是白云，也可以是一颗空明的心。白居易不曾以姜太公自诩，却也有着济世安民的夙愿。然而，朝廷昏暗腐败，仕途纷乱艰险，那些尔虞我诈，让他苦不堪言。而现在，丁忧闲居，实现夙愿的日子更是遥不可及。因此，寄身林泉也好，垂钓河畔也罢，悠然之中不免有几分苦闷。

时光不紧不慢地流逝着。烟村小径，山水云月，白居易自得其乐。当然，躬耕岁月，他也要为收成着想。风调雨顺，多有闲情；久旱不雨，他也备感无奈。农人们辛苦耕作，收成之后还要被官府逼卖粮食。白居易同情农人，却无计可施，只好在诗中哀叹："常闻古人语，损益周必复。今日谅甘心，还他太仓谷。"

元和八年（813）冬，连降大雪，格外寒冷。白居易在《村居苦寒》一诗中写道："八年十二月，五日雪纷纷。竹柏皆冻死，况彼无衣民。"

妻子杨氏为他缝制了布裘，让他御寒，白居易甚觉温暖。围着火炉，读着诗书，他心里想的却是天下黎民的冷暖。这一点，在《新制布裘》中就有所体现。

桂布白似雪，吴绵软于云。布重绵且厚，为裘有余温。

朝拥坐至暮，夜覆眠达晨。谁知严冬月，支体暖如春。

中夕忽有念，抚裘起逡巡。丈夫贵兼济，岂独善一身？

安得万里裘，盖裹周四垠。稳暖皆如我，天下无寒人。

穷则独善其身，达则兼济天下。

他多想得万里之裘，温暖世间万千苍生。

此般情意，似那忧国忧民的杜子美："安得广厦千万间，大庇天下寒士俱欢颜。"可惜，无论杜甫还是白居易，皆是心忧天下，又力不从心。他们心间那份深情，温暖不了天下苍生苦难的生活，被温暖的是百姓的心和千年后的我们。

无能为力，便只能暂时独善其身。

幸好，身边有山有水，手中有诗有酒。

他是白居易。如《咏慵》中所写，他饮酒写诗，泛舟垂钓。几分快意，几分慵懒。

有官慵不选，有田慵不农。屋穿慵不葺，衣裂慵不缝。

有酒慵不酌，无异樽常空。有琴慵不弹，亦与无弦同。

家人告饭尽，欲炊慵不舂。亲朋寄书至，欲读慵开封。

尝闻嵇叔夜，一生在慵中。弹琴复锻铁，比我未为慵。

每个人，都应当活成一棵树。

寂静成长，看岁月变幻无常。从容淡定，静候岁月春华秋实。

孤负青山心共知

人生最好的状态，是丰富的安静。

煮一壶月光，醉了欢喜，也醉了惆怅。

这样的安静，不是无所事事，百无聊赖，而是情有所寄，心有所依。读书抚琴，写诗饮酒，种草莳花，寻梅踏雪，于安静之中独得生命意趣。因此，有的人整日忙碌，生活却是苍白无味；有的人隐于山野，却能活得有滋有味。

此时的白居易，日子散淡而闲适。

他的两首《适意》，足见心境之素净安恬。

与身在官场相比，此时虽然清贫，却是快乐得多。

十年为旅客，常有饥寒愁。三年作谏官，复多尸素羞。

有酒不暇饮，有山不得游。岂无平生志？拘牵不自由。

一朝归渭上，泛如不系舟。置心世事外，无喜亦无忧。

终日一蔬食，终年一布裘。寒来弥懒放，数日一梳头。

朝睡足始起，夜酌醉即休。人心不过适，适外复何求？

早岁从旅游，颇谙时俗意。中年忝班列，备见朝廷事。

作客诚已难，为臣尤不易。况予方且介，举动多忤累。

直道速我尤，诡遇非吾志。胸中十年内，消尽浩然气。

自从返田亩，顿觉无忧愧。蟠木用难施，浮云心易遂。

悠悠身与世，从此两相弃。

白居易的好友柳宗元，元和五年（810）被贬永州。

他在愚溪之畔筑屋而居，饮酒写诗，日子过得孤独而又丰盛。正如他在《溪居》中所写：

久为簪组累，幸此南夷谪。闲依农圃邻，偶似山林客。

晓耕翻露草，夜榜响溪石。来往不逢人，长歌楚天碧。

仕途险恶，到底不是安放性情的地方。

远离繁华喧嚷，临山近水，吟风对月，自有几分悠然。哪怕处山野荒村，能把酒写诗，也是极好的事情。

元和六年（811）秋天，风雨凄凄的夜晚，白居易又忆起了知己元稹。前些日子他收到了元稹的来信及一些钱物。元稹在江陵，受当地官员照拂，日子风雨不惊，还结交了数位新朋友，并不寂寞。白居易很欣慰。听着秋雨之声，想念好友，白居易写了首《夜雨》：

我有所念人，隔在远远乡。我有所感事，结在深深肠。

乡远去不得，无日不瞻望。肠深解不得，无夕不思量。

况此残灯夜，独宿在空堂。秋天殊未晓，风雨正苍苍。

不学头陀法，前心安可忘。

关山迢递，他们只能书信往来。自然，书信之中除了想念和关心，还有唱和之诗。在与元稹和诗的过程中，白居易的诗风有了些许变化。他写了首长诗，题为《代书诗一百韵寄微之》，主要讲述元稹任监察御史、奉命出使东川，后来被贬，以及白居易上书为之辩解无果的事情。

白居易写这首五言长篇讽喻诗，为元稹抱不平。诗中写道：

水暗波翻覆，山藏路险巇。

未为明主识，已被倖臣疑。

木秀遭风折，兰芳遇霰萎。

千钧势易压，一柱力难支。

元和年间，这种诗体广为流传并被争相模仿，后来就形成了"元和体"。

白居易与元稹知己情深，一生不相负。元稹谪居江陵，自己不宽裕，却数次资助白居易。白居易也时常惦念好友，得知元稹得了疟疾，千里送药给他。

真正的朋友，是患难与共，风雨相随。

即使遥隔千里，也能彼此关照，相互温暖。

真正的朋友，是寒苦之夜，能够雪中送炭的那些人。

山水林泉，仍是白居易最愿意踏足和停留的地方。有时候，山间游赏，感觉疲惫就在山上留宿。这天，他去了蓝田山。蓝田山位于蓝田县城东南三十里处，被当地人称作"覆车山"。此山虽不甚高峻，但景色宜人。游山玩水，纵情纵意，白居易极是畅快。日暮时分，颇觉疲累，便决定住在山里。那晚，他写有《游蓝田山卜居》一诗：

脱置腰下组，摆落心中尘。行歌望山去，意似归乡人。

朝蹋玉峰下，暮寻蓝水滨。拟求幽僻地，安置疏慵身。

本性便山寺，应须旁悟真。

白居易也曾与好友钱徽同游青龙寺。青龙寺又名石佛寺，位于今西安市城东南铁炉庙村北的乐游原上，唐时为长安城延兴门内新昌坊。青龙寺是唐代密宗大师惠果的驻锡之地，古朴宁静，周围风景幽雅，中唐时游人不绝。那日，游览青龙寺时，小雨沥沥，如同走在烟雾之中，别有情致。白居易写了《青龙寺早夏》一诗：

尘埃经小雨，地高倚长坡。日西寺门外，景气含清和。

闲有老僧立，静无凡客过。残莺意思尽，新叶阴凉多。

春去来几日，夏云忽嵯峨。朝朝感时节，年龄暗蹉跎。

胡为恋朝市，不去归烟萝。青山寸步地，自问心如何。

作为好友，钱徽除了与白居易游山玩水，也给了他不少帮助。白居易患了眼疾，钱徽写信劝慰，还以金钱资助。白居易写了首《得钱舍人书问眼疾》表示感激：

春来眼暗少心情，点尽黄连尚未平。

唯得君书胜得药，开缄未读眼先明。

其实，白居易丁忧期间，除了元稹和钱徽，还有不少朋友曾资助过他，让他倍觉温暖。

不过，即使有朋友们资助，白居易的生活还是时常困窘。为了减轻家里的负担，弟弟白行简远赴梓州，去担任梓州刺史、剑南东川节度使卢坦的幕僚。白居易为弟弟送行，心里十分愧疚。

白居易丁忧期满后，想要重回仕途。元和九年（814），他给好友钱徽和崔群写了首长诗，题为《渭村退居寄礼部崔侍郎翰林钱舍人诗一百韵》，希望他们能帮助自己再入朝野。在诗中，白居易写道：

疏放遗千虑，愚蒙守一方。乐天无怨叹，倚命不劬勤。

愤懑胸须豁，交加臂莫攘。珠沉犹是宝，金跃未为祥。

泥尾休摇掉，灰心罢激昂。渐闲亲道友，因病事医王。

息乱归禅定，存神入坐亡。断痴求慧剑，济苦得慈航。

不动为吾志，无何是我乡。可怜身与世，从此两相忘。

如今，钱徽已是中书舍人，崔群已是礼部侍郎。他们不负"朋友"二字，收到书信，便开始为好友奔走。

白居易知道，官场昏暗，是非纷争不休。

他也喜欢，将自己安放在田园云水之间，独得清闲。

但他必须再入仕途。一方面，生计艰难，他必须以己之力，让家人过得安暖；另一方面，他那颗兼济天下、照拂苍生的仁者之心，始终在跳动。他渴望出仕，不为浮名虚利，只为实现少时就有的抱负。为此，他愿意远离田园，回到那个乌烟瘴气的地方。

元和九年（814）八月，白居易与好友张殷衡同游悟真寺。

悟真寺在西安市蓝田县，其历史可追溯至西晋以前。隋开皇十四年（594），高僧净业奉诏兴建，正式称名悟真寺。

悟真寺盛名远播，历史上许多文人慕名来此并题诗，如王维、韦应物、张籍、张九龄、孟郊、贾岛、王安石、苏舜钦等。白居易在悟真寺住了数日，流连山景，体悟佛理。离开后，他写了首长诗《游悟真寺》，堪称中国古代描写寺院长诗之最。

我本山中人，误为时网牵。牵率使读书，推挽令效官。

既登文字科，又忝谏诤员。拙直不合时，无益同素餐。

以此自惭惕，戚戚常寡欢。无成心力尽，未老形骸残。

今来脱簪组，始觉离忧患。及为山水游，弥得纵疏顽。

野麋断羁绊，行走无拘挛。池鱼放入海，一往何时还。

身著居士衣，手把南华篇。终来此山住，永谢区中缘。

我今四十余，从此终身闲。若以七十期，犹得三十年。

下山后，张殷衡前往江东赴任。

临别，白居易以诗相赠，题为《游悟真寺回，山下别张殷衡》：

世缘未了治不得，孤负青山心共知。

愁君又入都门去，即是红尘满眼时。

他们，都要回到红尘俗世，悲喜自渡。

明月清风，古刹平湖，终要辜负。

幸好，不曾辜负诗酒。

卷四：江州司马

岁月波澜起伏，世事喧嚷不休。

我们总要点一盏灯，独立于喧嚣之外。

莳花种草，看云听雨，与时光酬酢。

不如闲事不经心

一场大梦，岁月无垠。

回思往昔，遥望未来。

往昔如风，一去不回。我们拥有的是现在与未来。

未来不在别处，而是所有的此时此刻。当我们遥想未来的时候，未来其实已经开始。将每个寻常的日子过得丰盛，便是拥有了精彩的未来。面对变幻无常的生活，我们固然要保持谦卑，但也应该昂首向前。花开了就携兴看花，雨落了就安然听雨，风起了就把酒临风，雪飞了就寻梅踏雪，岁月风来雨去，我们可以不慌不忙。

白居易已除服半年有余，还未等到朝廷起复他的诏书。没办法，他只好继续他的村居日子，游山玩水，饮酒写诗。境遇如此，愁苦偾懑皆无益处，倒不如寄情于山水，在诗酒中自得安闲。

朝廷之内，纷扰从未停歇。在关于名与利的明争暗斗中，无数身影上蹿下跳，刀光剑影隐约可见。自然，云谲波诡之中，总有血迹，被喧嚣和权欲掩埋。

裴垍去世后，李吉甫再度被召回京，并迅速掌握了实权。其后，白居易的好友李绛被贬谪，而曾被白居易弹劾的宦官吐突承璀再次被重用。

朝廷之外，亦是波澜再起。淮西彰义军节度使吴少阳去世，其子吴元济隐瞒了父亲去世的消息，伺机谋反。朝廷立即派兵征讨，山南东道节度使严绶率领申、光、蔡等州兵马前去征讨，白居易的好友元稹也随之出征。

不久之后，李吉甫病逝，旧士族群龙无首，革新派欢呼雀跃。白居易闻讯，也格外欣喜。然而，多日过去，他仍未等到起复诏书。独坐灯下，不免叹息几声。他于《夜坐》中写道：

庭前尽日立到夜，灯下有时坐彻明。

此情不语何人会，时复长吁一两声。

又过了多日，白居易又闻喜讯。当年因科举案被贬谪的韦贯之复出，以尚书右丞为同平章事。韦贯之在科考案中支持过牛僧孺，与同样支持牛僧孺的白居易很是投缘。其后，白居易的好友钱徽、崔群等人开始为他四处周旋。终于，白居易等来了朝廷起用他的诏书。

元和九年（814）冬，在下邽山村闲居近四年的白居易被重新召回长安，授予太子左赞善大夫。据《旧唐书·白居易传》载："九年冬，入朝，授太子左赞善大夫。"

太子左赞善大夫这个职位，品级是正五品，看似不低，但是隶属于东宫，而东宫官员不得过问政事。很显然，此次白居易虽然被起复，却远离了大唐的权力中心，只担任了一个闲职。不过，聊胜于无，他重新入朝，至少家人不必再受生计之苦。

四十三岁的白居易回到了长安。

一别数年，这里喧嚷依旧。只有他的世界，十分寂静。飞雪连天，两行足迹，连着来时的路和沧海桑田。满城灯火，照着旧梦依稀。他是孤独的诗人。

因为手头拮据，初回长安的白居易无法在皇城周边租房，只好暂时住在曲江边的一处院落里。

孤灯之下，红尘阒寂。

白居易欹枕无言，想起了那个叫杜甫的诗人。

多年前的春天，时为左拾遗的杜甫常来这里，饮酒遣怀。杜甫诗言："细推物理须行乐，何用浮名绊此身。"很是入心。细读《曲江二首·其二》，白居易感慨不已。

朝回日日典春衣，每日江头尽醉归。

酒债寻常行处有，人生七十古来稀。

穿花蛱蝶深深见，点水蜻蜓款款飞。

传语风光共流转，暂时相赏莫相违。

元和十年（815）年初，喜讯接踵而至。先是老友元稹奉诏回京，未久，被贬的刘禹锡和柳宗元也被召回了京城。白居易的生活突然间清朗了许多。

那些天，几位性情相投的好友时常相聚一处，游赏山水风月，吟诵诗词歌赋，在流连诗酒的日子里，欣然而来，尽兴而去。偶尔，他们也会谈起当前政局，为大唐王朝的未来担忧。

与诗酒酬酢的画面相比，那些烟村独酌的日子虽然安闲，到底还是多了几分孤独。白居易的《朝归书寄元八》一诗，真实地记录了与众好友纵情诗酒的画面：

进入阁前拜，退就廊下餐。归来昭国里，人卧马歇鞍。

却睡至日午，起坐心浩然。况当好时节，雨后清和天。

柿树绿阴合，王家庭院宽。瓶中鄠县酒，墙上终南山。

独眠仍独坐，开襟当风前。禅僧与诗客，次第来相看。

要语连夜语，须眠终日眠。除非奉朝谒，此外无别牵。

年长身且健，官贫心甚安。幸无急病痛，不至苦饥寒。

自此聊以适，外缘不能干。唯应静者信，难为动者言。

台中元侍御，早晚作郎官。未作郎官际，无人相伴闲。

有时候，白居易也会约元稹。

或同游或小酌，共话今古风月。

春暖花开，同行陌上，自有一番悠然。

饮几杯酒，吟诗对句，意趣无穷。白居易写了首《重到城七绝句·刘家花》：

刘家墙上花还发，李十门前草又春。

处处伤心心始悟，多情不及少情人。

元稹便和了首《和乐天刘家花》：

闲坊静曲同消日，泪草伤花不为春。

遍问旧交零落尽，十人才有两三人。

白居易写了首《重到城七绝句·仇家酒》：

年年老去欢情少，处处春来感事深。

时到仇家非爱酒，醉时心胜醒时心。

元稹又和了首《和乐天仇家酒》，好不痛快。

病嗟酒户年年减，老觉尘机渐渐深。

饮罢醒余更惆怅，不如闲事不经心。

是非名利，皆是羁束。

终不如，不问俗事，只醉风月，来得痛快。

只可惜，越是闲雅清淡的光景，越是经不起消磨。当我们沉醉于疏朗日子的时候，聚散离合总会上演。正所谓，好景不长。花到极盛自会凋残，月到正圆自会亏缺。世间之事就是如此。正因如此，那些美好的日子才弥足珍贵。

那段日子，白居易等人经常饮酒作诗，也总是偕同出现在朝中。很快，他们就引起了旧士族及宦官集团的嫉恨。这些人纷纷向宪宗进言，数说刘禹锡、柳宗元等人的是非，继而散布流言，无所不用其极。结果，白居易众好友回京不久，又纷纷被贬。柳宗元被贬为柳州刺史，刘禹锡本来被贬为播州刺史，后因宰相裴度说情，改放连州。

三月，元稹被贬为通州司马。据元稹《酬乐天东南行诗一百韵》题记中所写："元和十年三月二十五日，予司马通州。"

在京的那段时间，元稹与白居易诗酒唱和，意气风发。元稹收集两人作品，拟编为《元白还往诗集》，但书稿未成，突然被放逐远方。没办法，人在仕途，常似飘絮，难得安稳。

相聚时日不多，又到离别之时。

白居易等好友为元稹饯行，各自感伤。

几杯酒，几行诗，一个孤独的背影，匹马天涯。

在通州，元稹时常疾病缠身，几乎死去，曾赴山南西道兴元府求医。荒年冷月，他只能与至交好友以诗述怀，相互慰藉。那几年，他与白居易的酬唱之诗多达百余首。同时，他还完成了自己最具影响力的乐府诗歌《连昌宫词》。

众好友相继离京，白居易倍感寥落。

但这就是生活。阴晴冷暖，离合聚散，总会在悄然间发生。两百多年后，陌上花开的日子，欧阳修闲行陌上，忆起与好友携手同游的画面，不禁感慨丛生，写了首《浪淘沙》。词中心境，与白居易此时的心境颇为相似。同样的春和景明，同样的寂寥。

把酒祝东风，且共从容。垂杨紫陌洛城东。总是当时携手处，游遍芳丛。

聚散苦匆匆，此恨无穷。今年花胜去年红。可惜明年花更好，知与谁同？

花开得再好，无人相伴，也难免怅惘。

一个人，纵是天空海阔，也抵不上诗酒风流。

闲暇之时，白居易独往牡丹园，见白牡丹在众花中颇显清孤。感慨之余，他写了首《白牡丹》：

白花冷澹无人爱，亦占芳名道牡丹。

应似东宫白赞善，被人还唤作朝官。

写的是花，述的是自己的心怀。

几分寂寞，几分孤芳自赏。他活在世上，亦活在自己心里。

那是一个人的地老天荒。

况多刚狷性，难与世同尘

生活对每个人都是公平的。

给你日光倾城，也会给你雨雪凄迷。

爱这世界，既要爱它的流离光盏，也要爱它的起落浮沉。真实的世界，轮回变换，聚散不休，谁都无力回避。既然如此，我们只能以一颗从容之心，安坐云下，淡看悲喜。

朋友们纷纷被贬离京，白居易的生活颇显黯淡。不久前，他们还结伴同游陌上，临风把酒，谈笑风生。突然之间，就像一场风吹散了往事，知交各自天涯，只剩一个清瘦的身影，在喧嚷的长安城里，饮着孤独。春庭的月亮，独照无眠。

许多日子，白居易只能借酒浇愁。

可惜，浊酒入愁肠，并不能消减哀愁。

多年前，仙逸的李太白曾饮着酒，在《宣州谢朓楼饯别校书叔云》中如此叹息：

弃我去者，昨日之日不可留；

乱我心者，今日之日多烦忧。

长风万里送秋雁，对此可以酣高楼。

蓬莱文章建安骨，中间小谢又清发。

俱怀逸兴壮思飞，欲上青天揽明月。

抽刀断水水更流，举杯消愁愁更愁。

人生在世不称意，明朝散发弄扁舟。

面对人生悲喜和官场纷扰，白居易无数次想过，退身而去，到山明水净之处，远离喧嚷是非，独面佳景，或泛舟湖上，或把酒东篱。但他，终究还是在官场停留多年。不是不舍，而是心存社稷黎民。而且他有颗豁达之心，亦明白人生悲喜浮沉之必然。

生于尘世，就是与缺憾比邻而居。

正所谓人生不如意事十之八九，可与人言者无二三。

我们只能培养格局，面对人生起落，不沉沦，不怨怼，不慌张。终究，不完满的，才叫人生。

这天，读着书，饮了几杯酒，白居易不知不觉间进入了梦乡。他梦到了好友裴垍，他们同行陌上，把盏花间，画面一如从前。梦醒后，想到好友已故，白居易很是伤感，于是写了首《梦裴相公》：

五年生死隔，一夕魂梦通。梦中如往日，同直金銮宫。

髣髴金紫色，分明冰玉容。勤勤相眷意，亦与平生同。

既寤知是梦，悯然情未终。追想当时事，何殊昨夜中？

自我学心法，万缘成一空。今朝为君子，流涕一沾胸。

这一年，妻子杨氏又生了个女儿，白居易为这个降生不久的孩子取名萝儿。几年前女儿金銮子不幸夭折，白居易悲伤了很久。如今，萝儿出生，给了他莫大的慰藉。他把她视作珍宝，得空就会抱在怀里，逗她笑，听她咿咿呀呀。

有贤惠的妻子，有可爱的女儿，日子也算温暖。

白居易心想，做个富贵闲人，妻女在侧，诗酒在手，也不错。于是，赞善大夫这个职位，也就不那么面目可憎了。

然而，他毕竟是白居易，不喜欢沉默不语，不喜欢唯唯诺诺。少年时期四处漂泊，他早已养成了桀骜不驯的性格。身处朝野，他喜欢仗义执言，不喜欢那种战战兢兢、如临深渊的模样。只不过，这样的性格，能得到皇帝的赏识，却也能给他的仕途带来灾难。无论如何，他不愿改变。

他只愿明明白白地活着，不畏缩，不阿谀，不逢迎。或许，他不能如李太白那般，天子呼来不上船，但他也始终保持着傲岸，一身清白。在《自题写真》中，他这样评价自己：

我貌不自识，李放写我真。静观神与骨，合是山中人。

蒲柳质易朽，麋鹿心难驯。何事赤墀上，五年为侍臣。

况多刚狷性，难与世同尘。不惟非贵相，但恐生祸因。

宜当早罢去，收取云泉身。

刚直狷介，傲岸不羁，这就是白居易。

他知道，这样的性格，难容于俗世，更难容于朝野。

但他始终保持着这样的性情。宦海沉浮，终是一副梅花傲霜模样。我们知道，那叫文人风骨。

不久之后，白居易为自己的直言不讳付出了代价。

元和十年（815），武元衡升任宰相。不久，在他的建议下，宪宗决定讨伐诸路藩镇，树立朝廷权威。五月，朝廷首先发兵征讨吴元济。吴元济便向河北节度使王承宗和淄青节度使李师道求救。王承宗和李师道对朝廷阳奉阴违，一面派兵协助官军征讨吴元济，一面派兵袭击河阴之地朝廷的转运站，烧毁了朝廷军队的粮草。

两军处于僵持状态，朝廷中有不少人主张罢兵，但武元衡等人坚持继续派兵征讨。最终，忠武节度使李光颜率部征讨，获得大胜。各路藩镇闻讯，担忧自己处境的同时，对朝廷主战派可谓恨之入骨。

武元衡始终认为，各路藩镇拥兵自重，对朝廷是极大的隐患，绝不能纵容姑息。吴元济战败下狱，王承宗曾遣使上表为之求情，结果使者被武元衡斥责。其后，王承宗数次上奏攻击武元衡，两人结怨越来越深。于是，一场针对武元衡及其他主战官员的谋杀行动在暗中展开了。

六月初，在上朝途中，武元衡被刺客暗杀，中箭身亡。与此同时，裴度也在上朝途中遭到偷袭，身受重伤。此事发生后，朝廷里面一片惊慌，文武官员人人自危。

皇城之内，堂堂朝廷宰相竟然遇刺身亡，刺客之气焰嚣张至极，这简直是朝廷的奇耻大辱。武元衡是旧士族的代表，与永贞党人关系紧张，刘禹锡等人被贬与他有莫大的关系，即便如此，天子脚下发生如此凶案，还是让白居易无比愤慨。于是，白居易立即上书宪宗，要求通缉并严惩凶手，以示国威。

他本是直言忠谏，却给自己招来了祸端。宦官集团和旧士族纷纷上书指出，白居易身为太子左赞善大夫，不该过问朝政，说他并非谏官却越级上书，必须严惩。于是，迫于各方压力，宪宗下诏，将白居易贬为江州刺史。

但此事并未就此尘埃落定。白居易的政敌们又拿他的诗作来攻击他。他们说，白居易的母亲看花坠井而死，白居易竟然还作《赏花》和《新井》等诗，实属不孝。如此不孝之人，不该担任刺史之职。

据《旧唐书·白居易传》载："十年七月，盗杀宰相武元衡，居易首上疏论其冤，急请捕贼以雪国耻。宰相以宫官非谏职，不当先谏官言事。会有素恶居易者，掎摭居易，言浮华无行，其母因看花堕井而死，而居易作《赏花》及《新井》诗，甚伤名教，不宜置彼周行。执政方恶其言事，奏贬为江表刺史。诏出，中书舍人王涯上疏论之，言居易所犯状迹，不宜治郡。追诏授江州司马。"

其实，白居易作这些诗的时候，母亲已故去数年。这样的指责，纯属无稽之谈。正所谓众口铄金，旧士族不断上书指责白居易，宪宗不得已又将白居易贬为江州司马。远在通州的元稹闻讯非常难过，抱病写了首《闻乐天授江州司马》。词句之中，尽是悲凉。

残灯无焰影幢幢，此夕闻君谪九江。

垂死病中惊坐起，暗风吹雨入寒窗。

这首诗中"垂死病中惊坐起"一语，是传神之笔。白居易曾写有两句诗："枕上忽惊起，颠倒著衣裳。"这是白居易在元稹初遭贬谪、前往江陵上任时写的，表现了他听到送信人敲门，迫不及待地想看到元稹来信的情状，十分传神。元稹此句也是如此。元、白二人情谊之深，于此清晰可见。

一腔热忱，却落得贬谪的下场。

白居易早知仕途险恶，却不料险恶至此。

可也没办法。宦海行舟，以他的性情，触礁是早晚的事。

官场之上，往往是善于曲意逢迎的人扶摇直上，而清正不阿之人寥落居多。只不过，那些生性耿介不羁之人，不会为了晋升而舍弃性情。蝇营狗苟，相机而动，他们都学不会，也不愿这样。白居易便是如此。纵然仕途因此黯淡，他也无怨无悔。

江州司马，即江州刺史的助手。这是个十分尴尬的官职，大多时候是用来安置那些获罪被贬官员的。得知被贬江州司马，白居易满心凄凉。结局尚是其次，他难以释怀的是，为了朝廷社稷忠直进谏，竟会因此被贬。他写了首《自诲》，一纸愤慨和迷茫。

乐天乐天，来与汝言。汝宜拳拳，终身行焉。

物有万类，锢人如锁。事有万感，爇人如火。

万类递来，锁汝形骸。使汝未老，形枯如柴。

万感递至，火汝心怀。使汝未死，心化为灰。

乐天乐天，可不大哀，汝胡不惩往而念来。

人生百岁七十稀，设使与汝七十期。

汝今年已四十四，却后二十六年能几时？

汝不思二十五六年来事，疾速倏忽如一寐。

往日来日皆瞥然，胡为自苦于其间。

乐天乐天，可不大哀。

而今而后，汝宜饥而食，渴而饮；昼而兴，夜而寝；无浪喜，无妄忧；病则卧，死则休。

此中是汝家，此中是汝乡，汝何舍此而去，自取其遑遑。

遑遑兮欲安往哉，乐天乐天归去来。

很快，白居易就停止了沮丧和叹息。

朝廷中钩心斗角，尔虞我诈，他早已厌倦。

被贬出京也好，可以远离政治中心，远离倾轧和纷争。至少，还有山川风月，还有诗酒年光。

醉来堪赏醒堪愁

人生短暂，岁月漫长。

生于尘世，我们都要学着与生活握手言和。在晦暗与凄寒中认真活着，守心自暖。

罗曼·罗兰说，世界上只有一种真正的英雄主义，那就是在认清生活的真相后，依然热爱生活。生活明明暗暗，但我们可以活得不惊不惧，恬淡安闲。

元和十年（815）八月，白居易被贬为江州司马。他一片忠心耿耿，换得贬谪的结局，很可悲，由此可见中唐岁月之昏暗。即使是号称"元和中兴"的那些年，朝廷也是佞臣当道，荒草无垠。

事已至此，叹息和愤懑皆无用处。四十四岁的白居易，不会沉沦于黯淡心境。人生聚散无常，仕途浮沉不断，他早已学会了旷达和从容。暗夜之中，总有一盏灯，照着茫茫前路。他知道，人生本就是一场阴晴难测的旅程。

所有的风雨凄迷，只会让行路之人更加坚定。

栉风沐雨，看似凄苦，又何尝不是一种生命的道场？

按照当时的规定，凡是被贬官员，自接到诏书起两日内必须启程。白居易很快就携家眷离开了长安。很多好友先他被贬出京，他又走得匆忙，因此只有京兆少尹李建前来送行。白居易甚感欣慰，简单嘱托几句，不觉已是泪流满面。离别后，他写了首《别李十一后重寄》，满含离绪，不知相逢是何日。

秋日正萧条，驱车出蓬荜。回望青门道，目极心郁郁。

岂独恋乡土，非关慕簪绂。所恼别李君，平生同道术。

俱承金马诏，联秉谏臣笔。共上青云梯，中途一相失。

江湖我方往，朝廷君不出。薜带与华簪，相逢是何日？

一座古老的城市，目送着他的背影。

那里，有荣耀也有落寞，有丰盛也有凄凉。

他来之前，他走之后，那里都是喧嚷不休的模样。

但他毕竟来过。一步一步，踩出了生命的足迹，踏实而寂静。

长安城，在身后不声不响。一场秋雨，浇得往事历历。

行至浐水，白居易听到有人在身后唤他。原来是好友杨虞卿，他从户县赶来，先到长安白居易的家中，得知白居易已离开，便快马追赶而来，疾驰四十里路，终于在此追上了白居易。为一场送别，纵马几十里，这情谊，让人温暖。浐水边，两人把酒话别，伤感丛生。

人生际遇，不过"悲欢离合"四字。

所有的离别，都意味着关山迢递，音信渺茫。

却也无法，该聚的总会聚，该散的总要散。

离别，可以是"执手相看泪眼，竟无语凝噎"，也可以是"挥手自兹去，萧萧班马鸣"；可以是"海内存知己，天涯若比邻"，也可以是"莫愁前路无知己，天下谁人不识君"。无论如何，离别总是凄凉的颜色，长亭古道，晚风残笛，一壶浊酒尽余欢。

与杨虞卿道别后，白居易离开浐水，直奔商州。不久后，他来到了蓝桥驿。蓝桥在陕西蓝田东南蓝溪之上。相传此地有仙窟，为唐裴航遇仙女云英处，设有驿站。唐裴铏《传奇·裴航》载："一饮琼浆百感生，玄霜捣尽见云英。蓝桥便是神仙窟，何必崎岖上玉清。"

蓝桥驿是唐朝时被贬官员离开长安的第一站。被贬之人，很多都是心怀社稷，却在朝廷郁郁不得志，最终不得不离开长安。因此，来到蓝桥驿，他们总会题诗，抒写悲愤。数月前，元稹来到这里，留下了《西归绝句十二首》，以下是其中四首：

五年江上损容颜，今日春风到武关。
两纸京书临水读，小桃花树满商山。

还乡何用泪沾襟，一半云霄一半沉。
世事渐多饶怅望，旧曾行处便伤心。

一世营营死是休，生前无事定无由。
不知山下东流水，何事长须日夜流。

寒窗风雪拥深炉，彼此相伤指白须。
一夜思量十年事，几人强健几人无。

那个染柳烟浓的三月，元稹是叹息着离开的。白居易也曾为好友的不幸遭遇而难过。如今，见到元稹的题诗，既惊喜，又感慨。于是，他题了首《蓝桥驿见元九诗》：

蓝桥春雪君归日，秦岭秋风我去时。
每到驿亭先下马，循墙绕柱觅君诗。

白居易被贬去江州，自长安经商州这一段，与元稹当时西归长安的道路是相同的。在蓝桥驿既然看到元稹的诗，后面沿途驿亭很多，还可能留有元稹的题诗，因此白居易写道："每到驿亭先下马，循墙绕柱觅君诗。"他们是知己，交情甚笃。所以白居易要一路寻过去，感受元稹的心境。

不久前，他还在为元稹被贬而难过。没想到，秋风四起的时候，他自己也被贬江州。万里秋风吹得飘零摇落的，是他们共同的命运。春雪、秋风、西归、东去，道路往来，风尘仆仆。这是一条悲剧的人生道路。"每到驿亭先下马，循墙绕柱觅君诗"，每到驿站，白居易处处留心、循墙绕柱寻觅的不仅是元稹的诗句，更是元稹的心情，是两人相似的悲剧道路的轨迹。

其后，白居易来到了襄阳。

沧海桑田，物是人非。故地重游，感喟颇多。他作诗《再到襄阳访问旧居》，言辞伤感。

昔到襄阳日，髧髧初有髭。今过襄阳日，髭鬓半成丝。

旧游都似梦，乍到忽如归。东郭蓬蒿宅，荒凉今属谁。

故知多零落，间井亦迁移。独有秋江水，烟波似旧时。

多年前，他来过这里。

那时候，一袭白衣，轻狂年少。

如今，重回旧地，当年的少年已是华发满头，只有秋水如旧，带着岁月悠悠而去，寂静无声。

有首歌叫《岁月神偷》，里面写道："时间是让人猝不及防的东西，晴时有风阴有时雨……岁月是一场有去无回的旅行，好的坏的都是风景。"的确，行走于岁月，一切的温柔缱绻、风流快意，终会被带走，我们能做的，就是在匆忙的时光里，寻找那个真实的自己，认真生活，珍惜光阴和每一场遇见。

在襄阳停留数日，白居易再次起程。这次，他改由水路向江州进发。数日后，他来到了鄂州（今湖北武昌）。旧时好友卢侍御和崔评事为他设宴接风，白居易欣然前往。黄鹤楼上，白居易和好友把酒闲谈，一路颠簸后终于寻得几分畅快。

黄鹤楼之名，源于黄鹤仙人的传说。南朝祖冲之在其《述异记》中讲道：有个喜爱道术的人，在黄鹤楼上游玩时，忽然看到有驾鹤的仙人从天而降，在楼上饮酒高歌，宴后，仙人们纷纷驾鹤而去。

酒浓之时，他们说起了李白。当年，李白登上黄鹤楼，本欲题诗，却见崔颢所题之《黄鹤楼》，甚是欣赏，便绝了题诗的念头。

昔人已乘黄鹤去，此地空余黄鹤楼。

黄鹤一去不复返，白云千载空悠悠。

晴川历历汉阳树，芳草萋萋鹦鹉洲。

日暮乡关何处是？烟波江上使人愁。

"眼前有景道不得，崔颢题诗在上头。"

烟波浩渺，草青云淡，李白却不敢再费笔墨，只因此间风情，已被写尽。如此沉默着，倒也成了一段佳话。

贬谪途中，与故友把酒临风，白居易难得尽兴。半醉之际，他吟了首诗，算是应景，题为《卢侍御与崔评事为予于黄鹤楼置宴，宴罢同望》：

江边黄鹤古时楼，劳置华筵待我游。

楚思淼茫云水冷，商声清脆管弦秋。

白花浪溅头陀寺，红叶林笼鹦鹉洲。

总是平生未行处，醉来堪赏醒堪愁。

显然，醉意中还是带着几分哀愁的。

但他是豁达的白居易，他总会从哀愁中走出，从容度日。

云到何方不是家

我们皆是赶路之人。

一路风雨兼程, 一路寻寻觅觅。

把新路慢慢走旧, 把旧路慢慢走平, 这就是人生。

其实, 我们经过道路, 道路亦经过我们; 我们穿越时光, 时光亦穿越我们。岁月, 亦如旅行之人, 在我们的生命中踏足, 时而流连欢愉, 时而寂静踯躅。当我们老去, 岁月依旧年轻, 踩着我们的黄昏, 沉默不语。

漫长的旅途, 幸有诗酒为伴。

白居易, 还在前往江州的路上。从秋天走到了冬天。元稹的诗稿, 永远是他慰藉风尘岁月的良药。

几年前, 元稹在江陵, 写了五首《放言》诗来表达心情。这天晚上, 白居易在船上挑灯夜坐, 读到了这五首诗。细品之下, 甚觉有味。

近来逢酒便高歌, 醉舞诗狂渐欲魔。

五斗解醒犹恨少, 十分飞盏未嫌多。

眼前仇敌都休问, 身外功名一任他。

死是等闲生也得, 拟将何事奈吾何。

莫将心事厌长沙, 云到何方不是家。

酒熟舖糟学渔父。饭来开口似神鸦。

竹枝待凤千茎直，柳树迎风一向斜。
总被天公沾雨露，等头成长尽生涯。

霆轰电烻数声频，不奈狂夫不藉身。
纵使被雷烧作烬，宁殊埋骨扬为尘。
得成蝴蝶寻花树，倘化江鱼掉锦鳞。
必若乘龙在诸处，何须惊动自来人。

安得心源处处安，何劳终日望林峦。
玉英惟向火中冷，莲叶元来水上干。
宵戚饭牛图底事，陆通歌凤也无端。
孙登不语启期乐，各自当情各自欢。

三十年来世上行，也曾狂走趁浮名。
两回左降须知命，数度登朝何处荣。
乞我杯中松叶满，遮渠肘上柳枝生。
他时定葬烧缸地，卖与人家得酒盛。

元稹有几分狂傲，几分不羁，几分无奈。

他说，功名富贵不足挂齿，只求寄身云下。

但是，人生际遇不堪回首，还是让他倍感寥落。许多日子，他只能独坐月下，一壶浊酒，寂寞饮下，将愁绪浇成韵脚。也好，于唐诗，悲苦惆怅，亦是佳景。

他说，他时定葬烧缸地，卖与人家得酒盛。所谓"烧缸地"，是历史典故。三国吴郑泉博学而性嗜酒，临死前，对人曰："必葬我陶家酿酒烧缸旁，庶百岁之后化而成土，幸见取为酒壶，实获我心矣。"元稹此句，愤懑显而易见。曹操诗云："何以解忧？唯有杜康。"谁都知道，举杯浇愁愁更愁，但命运多舛，人生悲苦，诗人们还是喜欢将自己安置在酒盏里，以醉眼迷离的模样，面对人间是非。

读着元稹的诗，白居易有几分沉醉。当时他丁忧卜居渭川，初读这些诗，未能尽谙其中况味。如今，自己也在贬谪途中，对元稹的心境感同身受。于是，孤灯之下，他也写了五首《放言》。

他在序言中写道："元九在江陵时，有《放言》长句诗五首，韵高而体律，意古而词新。予每咏之，甚觉有味，虽前辈深于诗者，未有此作。唯李颀有云，'济水自清河自浊，周公大圣接舆狂'，斯句近之矣。予出佐浔阳，未届所任，舟中多暇，江上独吟，因缀五篇以续其意耳。"

朝真暮伪何人辨，古往今来底事无。

但爱藏生能诈圣，可知宁子解佯愚。

草萤有耀终非火，荷露虽团岂是珠。

不取燔柴兼照乘，可怜光彩亦何殊。

世途倚伏都无定，尘网牵缠卒未休。

祸福回还车转毂，荣枯反覆手藏钩。

龟灵未免刳肠患，马失应无折足忧。

不信君看弈棋者，输赢须待局终头。

赠君一法决狐疑，不用钻龟与祝蓍。

试玉要烧三日满，辨材须待七年期。

周公恐惧流言日，王莽谦恭未篡时。

向使当初身便死，一生真伪复谁知。

谁家第宅成还破，何处亲宾哭复歌。

昨日屋头堪炙手，今朝门外好张罗。

北邙未省留闲地，东海何曾有定波？

莫笑贱贫夸富贵，共成枯骨两如何。

泰山不要欺毫末，颜子无心羡老彭。

松树千年终是朽，槿花一日自为荣。

何须恋世常忧死，亦莫嫌身漫厌生。

生去死来都是幻，幻人哀乐系何情。

  很多唐诗，语言和意境虽美，立意却不甚高远。白居易这五首《放言》，几无华丽词句，但其中蕴含的人生哲学，发人深省。对于人生起落、是非聚散，以及世间之事的种种变换，白居易有着很深的认识。因此，与那些书写风花雪月的诗相比，这几首诗更值得细细品读。

第一首诗讲述世间之事无穷无尽，变化莫测，真伪难辨。萤火虫虽能发光，却不是真的火光；荷叶上的露珠虽圆融，终究不是珍珠。事物如此，人亦是如此。这首诗看似是写世事，实则饱含着对自己被贬的愤懑。

第二首写人生起落浮沉难料。正所谓"祸兮，福之所倚，福兮，祸之所伏"，我们所遇之事，不到最后，很难预料其结局。世事变换，人生起落，就像浮云变幻，让人无奈。

第三首诗，讲述世人世事之优劣好坏终需时间来证明。所谓路遥知马力，日久见人心。有的人外强中干，有的人色厉内荏，有的人金玉其外，败絮其中，但是，时间久了，人们的本性总会渐渐显露出来。当年，周公一心一意辅佐周成王，人们却怀疑他有篡位之心；汉朝时，王莽有谋朝篡位之心，但人们却被他谦恭的外表欺骗。岁月如镜，周公的赤诚，王莽的野心，被照得清清楚楚。

第四首讲述人生起落、世事变迁。人们常说，三十年河东，三十年河西。富贵荣华，高名巨利，都不过是梦幻一场。就像刘禹锡在《乌衣巷》中所写："旧时王谢堂前燕，飞入寻常百姓家"，世间一切都逃不过时间的洗礼。浮沉变换，沧海桑田，让人无限感慨。

第五首诗讲述人生如梦。世间万物都敌不过时光，松树虽长寿，最终也会枯朽。至于人生，不过是镜花水月。

浮生如梦，我们总会静默地离开。

短暂的人生，既要为信仰而奋斗，也要活得尽情尽意。

如此，离开的时候，才能了无遗憾。

白居易也时常翻读李白、杜甫等人的诗。他喜欢李太白"仰天大笑出门去，我辈岂是蓬蒿人"的豪迈；也喜欢杜子美"丹青不知老将至，富贵于我如浮云"的淡泊。这天，再次品读李杜诗篇，白居易忍不住写了首《读李杜诗集，因题卷后》，作为读后感。

> 翰林江左日，员外剑南时。不得高官职，仍逢苦乱离。
>
> 暮年逋客恨，浮世谪仙悲。吟咏留千古，声名动四夷。
>
> 文场供秀句，乐府待新词。天意君须会，人间要好诗。

李杜生平坎坷，白居易被贬外放江州，同病相怜之情显而易见。近代古典文学家王汝弼在《白居易选集》中说："此诗借题发挥，以评李白、杜甫，寄己贬谪沦落之慨，且以致力诗歌创作自勉。"

可惜，隔着许多年，他不能与李白和杜甫把酒言欢。

他生于中唐，不能回到大唐盛世，看看那个河清海晏的世界。他在路上，一路风尘，落寞中也有几分恬淡。

但是，在遇到那个女子的时候，他无论如何也做不到坦然。

即将抵达江州的时候，白居易见到了那个熟悉的身影。如今的她，早已不复当年光彩。江湖辗转，独饮春秋，四十岁的她，只剩一身憔悴。她叫湘灵。许多年前，他叫她湘灵妹妹，她叫他居易哥哥。

终于，他还是叫住了她；她回头，认出了他。

相对而立，不知从何说起。最终，也不过是寥寥数语的寒暄。故事落幕后，他们之间只剩回忆，轻得似雾，淡得似风。最后道声珍重，又是各自天涯。

泪眼迷离中，他看到一个秀雅的小女孩来到窗前，叫他居易哥哥。他让她进屋，教她读书识字。然后，他牵着她的手，出了房门。云下花间，他们欢笑着，岁月静好。

夕阳西下，她转身而去，泪水湿了衣衫，他知道。

他们重逢的地方，整个红尘阒寂无声。

歌曲《当爱已成往事》中写道："为何你不懂，只要有爱就有痛，有一天你会知道，人生没有我并不会不同。人生已经太匆匆，我好害怕总是泪眼蒙眬，忘了我就没有痛，将往事留在风中。"然而，世间痴情人太多，宁愿忍着心痛，去回忆，去思量。

那日，白居易写了两首《逢旧》。写着写着，已是泪眼婆娑。一场爱情，最后就剩下这只言片语的纪念。

久别偶相逢，俱疑是梦中。

即今欢乐事，放盏又成空。

我梳白发添新恨，君扫青蛾减旧容。

应被傍人怪惆怅，少年离别老相逢。

人们说，不在乎天长地久，只在乎曾经拥有。似戏言，却又无比真实。世间的许多爱情，不过是一场绚烂花事，凋落于无声。

后来，白居易去寻湘灵，却是了无踪影。

红尘一别，两处茫茫。他们再未相见。

相遇如花开，总在刹那间发生。

而相忘，往往要用一生。

我生本无乡，心安是归处

红尘此去，勿忘心安。

路途遥远，我们终需一颗淡静之心，安置悲欢聚散。

没有谁的人生，能够不经风不经雨。事实上，若没有风雨飘零，晴好的日子也难免无味。人生之中，正是因为浮沉悲喜常有，那些闲花落地的日子才弥足珍贵，才值得用心体会和收藏。

不管怎样，我们都要修得几分从容，去宽容岁月。

以清静心看世界，以欢喜心过生活，聚散随缘，便是心安，正如白居易在《晏坐闲吟》中所写：

昔为京洛声华客，今作江湖潦倒翁。

意气销磨群动里，形骸变化百年中。

霜侵残鬓无多黑，酒伴衰颜只暂红。

愿学禅门非想定，千愁万念一时空。

白居易还在路上。有诗，有酒，有月。

尽管漂泊江湖，还是不忘流连诗酒，独得几分清雅。

当然，让他心静的，还有佛家思想。他知道，万事不能执着。数月的颠簸后，白居易抵达了江州。

此时已是冬天，风尘仆仆的白居易颇感凄凉。

但是，下船之后，这份凄凉被突然而来的欣喜淹没了。

江州刺史崔能带着一众百姓，以载歌载舞的形式，给了白居易热烈的欢迎。崔能为唐高宗时期著名文人崔融的曾孙，对才华横溢的白居易仰慕已久。听闻白居易被贬江州，在为他惋惜的同时，又甚感荣幸。因此，他带着百姓夹道欢迎白居易，希望能给这萧瑟的诗人些许温暖。盛大的欢迎场面，让白居易感动不已。于是，他赋诗《初到江州》，表达当时的欢喜。

浔阳欲到思无穷，庾亮楼南湓口东。

树木凋疏山雨后，人家低湿水烟中。

菰蒋喂马行无力，芦荻编房卧有风。

遥见朱轮来出郭，相迎劳动使君公。

在路上的时候，白居易还心存顾虑，不知身为贬官，在江州的日子将会是何种模样。下船以后，见百姓热情无比，刺史崔能对他恭敬有加，心底的顾虑便打消了。崔能对白居易，真的是无比仰慕，既仰慕他的才华，也仰慕他的人品性情。因此，其后几年，他对白居易多有照拂。虽然是贬谪此处，但那几年白居易过得甚是清闲。

江州境内山光水色宜人，名胜古迹甚多，历来游人不绝。

白居易喜欢山水，这里无疑是极佳的去处。

崔能钦慕他，了解他不喜羁束的性情，因此给了他足够的自由。不久之后，白居易就在江州安定了下来。崔能特地为他选择了一处僻静的院落，白居易甚是满意。作为江州司马，白居易的职责是协助刺史。除了点卯应官，崔能给他安排了很少的工作，他可以尽情游山玩水。白居易心里感激，也常与崔能把酒倾谈。他可以流连山水林泉，可以寄身古刹禅院，诗酒为伴，风月为邻，日子可谓快活。

一场大雪，千里无尘。

围着火炉，一壶酒，一卷书，清静自得。

同样的落雪之日，人总有不同的心情。心情舒畅的时候，是"踏雪闲寻深院，携壶试觅幽欢"；心情阴郁的时候，是"试灯无意思，踏雪没心情"。身处江州，生活清闲，既无生计之虞，又无是非之扰，因此，落雪的日子，白居易不觉得凄寒。相反，他喜欢约上两三好友，共酌炉火之旁，或踏雪小径之上。

这天，曾在黄鹤楼设宴款待白居易的卢侍御和崔评事，还有几位朋友途经江州，再次邀请白居易赴宴。席间，卢侍御的两位歌妓为大家歌舞琴瑟助兴，她们舞姿轻盈，琴声泠泠，白居易饮着酒，不禁有几分醉意。后来，两位歌妓向白居易敬酒，并索要诗句，白居易不好拒绝，便写了首《醉后题李、马二妓》：

行摇云髻花钿节，应似霓裳趁管弦。

艳动舞裙浑是火，愁凝歌黛欲生烟。

有风纵道能回雪，无水何由忽吐莲。

疑是两般心未决，雨中神女月中仙。

岁暮，白居易写了《与元九书》，表达了对好友的想念，回忆了自己少时读书的情景，对诗歌创作提出了自己的主张。白居易在最后写道："浔阳腊月，江风苦寒，岁暮鲜欢，夜长少睡。引笔铺纸，悄然灯前，有念则书，言无铨次。勿以繁杂为倦，且以代一夕之话言也。"

春天，白居易时常闲行陌上。一天，他乘兴来到五老峰，拜访元十八。元十八本名元集虚，本是河南人，学识渊博，见识不凡，十余年前来此隐居，可谓世外高人。在一间依山傍水的茅屋里，他见到了元十八。两人惺惺相惜，相谈甚欢。夕阳西下时分，白居易离开了元十八的茅屋。

乘兴而来，尽兴而去。

他步履轻盈，写了首《江州雪》：

新雪满前山，初晴好天气。日西骑马出，忽有京都意。

城柳方缀花，檐冰才结穗。须臾风日暖，处处皆飘坠。

行吟赏未足，坐叹销何易。犹胜岭南看，雾雾不到地。

几日后，元十八又带着白居易前往寻访郭道士。郭道士隐居五老峰，炼丹采药，琴诗为伴，来去飘然。他对老子和庄子的典籍见解独到，元十八曾与他倾谈。可惜，这天郭道士外出闲游，白居易未能得见，他在《寻郭道士不遇》中写的就是此事。

郡中乞假来相访，洞里朝元去不逢。

看院只留双白鹤，入门惟见一青松。

药炉有火丹应伏，云碓无人水自舂。

欲问参同契中事，更期何日得从容。

带着些许失落，白居易离开了五老峰。

闻所闻而来，见所见而去。寻人不得，自是缘分未到。世间的许多事，强求不得，只能随缘。

这年秋，白居易登庐山，游览了东林寺。东林寺幽隐清静，是个很适合修行的地方。白居易盘桓寺中许久，心里一片澄明。寺中的白莲池，也让他驻足许久。白莲池为南朝山水诗人谢灵运出资修建，当年慧远大师率领僧人们在此结社。游赏后，白居易写有《东林寺白莲》一诗：

东林北塘水，湛湛见底清。中生白芙蓉，菡萏三百茎。

白日发光彩，清飚散芳馨。泄香银囊破，泻露玉盘倾。

我惭尘垢眼，见此琼瑶英。乃知红莲华，虚得清净名。

夏萼敷未歇，秋房结才成。夜深众僧寝，独起绕池行。

欲收一颗子，寄向长安城。但恐出山去，人间种不生。

他自己何尝不是一朵白莲，出淤泥而不染？

清冽如他，适合纵情云水，而不适合寄身仕途。所以他说，但恐出山去，人间种不生。

其后，他又来到西林寺，参悟佛法，并写有《宿西林寺》：

木落天晴山翠开，爱山骑马入山来。

心知不及柴桑令，一宿西林便却回。

其后几年，白居易经常登庐山，游走于东林寺和西林寺之间，也常夜宿寺中。他与两寺的长老神凑、智满、士坚、朗、晦诸上人交游，经常是"薄暮萧条投寺宿，凌晨清净与僧期"。可以说，白居易既是诗酒中人，亦是佛法中人。他不曾落发，但从未停止体悟佛法。因此，他自述"交游一半在僧中"，甚至说自己"除却青衫在，其余便是僧"。

被贬江州，本是伤心之事，却意外让白居易享受了一段悠然时光。首先，他在这里处境安逸，不必忙碌于俗事，亦不必劳形于案牍；其次，他生性旷达，既然被贬此间，那便将身心安置在这里，游山玩水，饮酒写诗。

惆怅也好，欢喜也好，岁月不会停下来等你。

认得了岁月的模样，便会平心静气，与岁月握手言和。

苏轼在《定风波·南海归赠王定国侍人寓娘》中写道："试问岭南应不好，却道：此心安处是吾乡。"宦海浮沉，一生辗转，他依然是笑看风云淡的苏东坡。其实，东坡此句是化用白居易的诗句。白居易有首诗，题为《初出城留别》：

朝从紫禁归，暮出青门去。勿言城东陌，便是江南路。
扬鞭簇车马，挥手辞亲故。我生本无乡，心安是归处。

红尘异地，每个人都是行人。
若能修得心安，足迹所至，皆是归处。
正所谓人生原本无常，心安即是归处。

相逢何必曾相识

现在的白居易，谪居江州，清闲度日。

没有奢求，只图日子恬淡安宁，可以寄情山水，可以吟诵风月。他有温柔的妻子，有乖巧的女儿，生活很是温暖。

后来，他在门前修筑了一个小水池，灌上水之后养了一些鱼，元十八送来两棵杉树也被他一并栽下，门前风景甚是好看。当然，他也写了首《栽杉》赠给元十八，作为回报：

劲叶森利剑，孤茎挺端标。才高四五尺，势若干青霄。

移栽东窗前，爱尔寒不凋。病夫卧相对，日夕闲萧萧。

昨为山中树，今为檐下条。虽然遇赏玩，无乃近尘嚣。

犹胜涧谷底，埋没随众樵。不见郁郁松，委质山上苗。

生活，就在这样的小心思中，得见情致。

岁月如纸，我们可以悠然落笔，画烟雨层楼，画小桥流水。

元和十一年（816）七月，白幼文带着多位亲眷来到江州，盘桓多日。白居易在《答户部崔侍郎书》中写道："然自到浔阳，忽已周岁……前月中，长兄从宿州来，又孤幼弟侄六七人，皆自远至，日萤韵食，岁有粗衣，饥寒获同，骨月相保，此亦默默委顺之外，益自安也。"

久别重逢，白居易格外欢喜。那些天，兄弟两人白日或同游江畔，或登高望远，夜晚便秉烛把酒倾谈，至深夜才抵足而眠，极是欢愉。只是相聚的时候越欢愉，离别的时候就越伤感。白幼文终于还是离开江州回了徐州。白居易挥泪相送，万分不舍。

元和十一年（816）秋，白居易在江边送别，偶遇一位弹琵琶的女子。将船靠近后，女子羞怯地从船上出来，遮着面庞。一番攀谈后，白居易得知，她本是京城歌妓，年华老去后少有人光顾，只好委身嫁给一位商人，却又惨遭离弃，不得不辗转于各地。听完她的哭诉，白居易早已泪眼模糊。闲适许久，此时终于有了贬谪之感。于是，他写下了传诵千年的《琵琶行》一诗。

在这首诗的序言中，白居易写道："元和十年，予左迁九江郡司马。明年秋，送客湓浦口，闻舟中夜弹琵琶者，听其音，铮铮然有京都声。问其人，本长安倡女，尝学琵琶于穆、曹二善才，年长色衰，委身为贾人妇。遂命酒，使快弹数曲。曲罢悯然，自叙少小时欢乐事，今漂沦憔悴，转徙于江湖间。予出官二年，恬然自安，感斯人言，是夕始觉有迁谪意。因为长句，歌以赠之，凡六百一十六言，命曰《琵琶行》。"诗的末尾，他写道：

我闻琵琶已叹息，又闻此语重唧唧。

同是天涯沦落人，相逢何必曾相识！

我从去年辞帝京，谪居卧病浔阳城。

浔阳地僻无音乐，终岁不闻丝竹声。

住近湓江地低湿，黄芦苦竹绕宅生。

其间旦暮闻何物？杜鹃啼血猿哀鸣。

春江花朝秋月夜，往往取酒还独倾。

岂无山歌与村笛？呕哑嘲哳难为听。

今夜闻君琵琶语，如听仙乐耳暂明。

莫辞更坐弹一曲，为君翻作琵琶行。

感我此言良久立，却坐促弦弦转急。

凄凄不似向前声，满座重闻皆掩泣。

座中泣下谁最多？江州司马青衫湿。

他是个真性情的诗人。泪湿青衫，不为别的，只为同是天涯沦落人。西风萧瑟，秋水无声。如泣如诉的琵琶声，拨动着诗人柔软的心弦，和世间所有真性情的人。

天涯零落，何止是那日所遇的琵琶女！

那个叫湘灵的女子，辗转世间，无枝可依，此时不知流落何处。想起她，白居易总会心疼。

此后半年，白居易仍旧过着闲散的日子。公事之余，或读书写诗，或闲行陌上，或登山临水。江州的名山大川、深林古刹，常有他漫游的身影。不知不觉间，已是元和十二年（817）年初。

春节后不久，白居易再次登临庐山，直奔东林寺。在那里，他日日向智满大师学习佛法。正月十五，本是合家团聚的日子，他仍旧不愿离开禅寺。夜晚，遥对明月，想起好友妻兄杨汝士，写了首《正月十五日夜，东林寺学禅，偶怀蓝田杨主簿，因呈智禅师》：

新年三五东林夕，星汉迢迢钟梵迟。

花县当君行乐夜，松房是我坐禅时。

忽看月满还相忆，始叹春来自不知。

不觉定中微念起，明朝更问雁门师。

春寒料峭的日子，白居易来到郑处士的竹园。郑处士为人豪爽，喜欢舞文弄墨，在江畔修了茅舍竹园，过着悠闲的日子。白居易是他的常客。这天，两人一如往常，饮酒闲谈，甚是快意。临走时，应郑处士所求，留诗《过郑处士》：

闻道移居村坞间，竹林多处独开关。
故来不是求他事，暂借南亭一望山。

离开时，他带着几分醉意。

策马而去，很快便消失在江南烟雨之中。来得畅快，去得潇洒。

三月二十七日，白居易在庐山香炉峰遗爱寺附近所建的草堂落成，取名庐山草堂。白居易写了首咏怀诗，刻在了石崖上，题为《香炉峰下新置草堂，即事咏怀，题于石上》。

香炉峰北面，遗爱寺西偏。白石何凿凿，清流亦潺潺。
有松数十株，有竹千余竿。松张翠伞盖，竹倚青琅玕。
其下无人居，悠哉多岁年。有时聚猿鸟，终日空风烟。
时有沉冥子，姓白字乐天。平生无所好，见此心依然。
如获终老地，忽乎不知还。架岩结茅宇，斫壑开茶园。
何以洗我耳，屋头飞落泉。何以净我眼，砌下生白莲。
左手携一壶，右手挈五弦。傲然意自足，箕踞于其间。
兴酣仰天歌，歌中聊寄言。言我本野夫，误为世网牵。
时来昔捧日，老去今归山。倦鸟得茂树，涸鱼返清源。
舍此欲焉往，人间多险艰。

　　四月，白居易与元十八等十余人，同游东西二林寺，经化城，登香炉峰，宿大林寺。白居易在《游大林寺序》中写道："余与河南元集虚、范阳张允中、南阳张深之、广平宋郁、安定梁必复、范阳张时、东林寺沙门法演、智满、士坚、利辩、道深、道建、神照、云皋、息慈、寂然凡十七人，自遗爱草堂历东西二林，抵化城，憩峰顶，登香炉峰，宿大林寺……时元和十二年四月九日，乐天序。"

　　四月，山下百花几已凋尽，寺中却正是桃花盛开之时。

　　欣喜之余，白居易写了首《大林寺桃花》。

　　人间四月芳菲尽，山寺桃花始盛开。
　　长恨春归无觅处，不知转入此中来。

　　四月初九，白居易的一众好友，如元十八、东林寺和西林寺长老，参加了白居易的庐山草堂落成仪式。白居易写了《庐山草堂记》一文，记述了草堂形貌及修筑过程等。

　　文中写道："匡庐奇秀，甲天下山。山北峰曰香炉，峰北寺曰遗爱寺，介峰寺间，其境胜绝，又甲庐山。元和十一年秋，太原人白乐天见而爱之，若远行客过故乡，恋恋不能去。因面峰腋寺，作为草堂。

　　"明年春，草堂成……则必左手引妻子，右手抱琴书，终老于斯，以成就我平生之志。清泉白石，实闻此言！时三月二十七日始居新堂；四月九日与河南元集虚、范阳张允中、南阳张深之、东西二林寺长老凑公、朗、满、晦、坚等凡二十二人，具斋施茶果以落之，因为《草堂记》。"

身在江州，有个地方是他必然要去的。

那便是白居易极为仰慕的诗人陶渊明的故里柴桑。

陶渊明，名潜，字渊明，又字元亮，出生于浔阳柴桑。他曾有济世安民之志，因此曾入仕为官。他性格耿直孤傲，既不愿蝇营狗苟，亦不喜尔虞我诈，因此难以容身于官场。

陶渊明最后一次出仕为彭泽县令。某天，督邮来视察，下属告诉陶渊明，必须穿好官服，毕恭毕敬地去迎接。陶渊明听后，叹道："我不能为五斗米折腰！"说罢，辞官而去，一身潇洒。彭泽县令，他只做了八十余天。

从此，官场少了一位清正而愤懑的官员，世间多了一位山水田园诗人。他回归故里，隐居山野。他在门前种了五棵柳树，自号"五柳先生"，过着"采菊东篱下，悠然见南山"的恬淡日子，与山水为邻，与诗酒为友，清贫却又悠然自得。

白居易喜欢陶渊明的山水诗，欣赏他傲岸的性情，也佩服他决然而去的洒脱。他曾模仿陶渊明的诗体，写了多首诗。这天，他信马而行，来到了柴桑栗里，在陶渊明的故居前伫立许久。诗人已去，只留下了草径茅庐，照看着云月。感慨之余，白居易写了首《访陶公旧宅》：

垢尘不污玉，灵凤不啄膻。呜呼陶靖节，生彼晋宋间。

心实有所守，口终不能言。永惟孤竹子，拂衣首阳山。

夷齐各一身，穷饿未为难。先生有五男，与之同饥寒。

肠中食不充，身上衣不完。连征竟不起，斯可谓真贤。

我生君之后，相去五百年。每读《五柳传》，目想心拳拳。

昔常咏遗风，著为十六篇。今来访故宅，森若君在前。

不慕尊有酒，不慕琴无弦。慕君遗荣利，老死此丘园。

柴桑古村落，栗里旧山川。不见篱下菊，但余墟中烟。

子孙虽无闻，族氏犹未迁。每逢姓陶人，使我心依然。

只为山水，来此人世。

虚名浮利，富贵显达，他都不屑。

立在陶渊明的故宅前，白居易沉思良久，亦追慕良久。

他何尝不想如五柳先生一般，退出喧嚣仕途，寄身田园山水？只是四十六岁的白居易尽管喜欢畅游山水，也时常流连于古刹禅院，但他还未放弃仕途。并非不舍，而是理想未泯。他的济世之心，未曾冷却。

世间许多事，如夏日骤雨，来得太快。

白居易原本清朗的日子，突然间一片晦暗。

一天，他游赏归来，竟听到了兄长白幼文病故的消息。兄长猝然病逝，他肝肠寸断。生离死别，他已经历很多次，也多年研习佛法，深知世事无常，但手足情深，他无法不悲痛。他不曾料到，江州一别，竟是永别。白居易写了篇《祭浮梁大兄文》，悲伤不可言说。

转身便是天涯，转身便是天上人间。世间所有离别，看似寻常，却都可能是永别。

世事多变，不知前路如何。不管怎样，人生的路仍在前方，等着他挑灯踏上去。

活在这缥缈的尘世，需要足够的勇气。

岁月，有时温柔，有时凉薄。

但我们，总要深情地活着。

卷五：长安居易

沧海无垠，扁舟一叶。

那是我们，在红尘岁月里流浪。

红尘没有彼岸，我们只能修得心安，安置沧海桑田。

我心忘世久，世亦不我干

生命中所有的灿烂，都要用寂寞来偿还。

但我们仍要以从容的姿态，坚定前行，流连光景。晴天雨天，花开花落，都是生活的模样。

我们的一生，都在阅读一本叫作岁月的书。封面是人生如初见，封底是当时只道是寻常，扉页上写着"一花一世界，一叶一菩提"。书中，有斜风细雨，也有风雨如晦；有小桥流水人家，也有古道西风瘦马。细看，字里行间依稀可见：人生如梦，世事无常。

自从委顺任浮沉，渐觉年多功用深。

面上减除忧喜色，胸中消尽是非心。

妻儿不问唯耽酒，冠盖皆慵只抱琴。

长笑灵均不知命，江蓠丛畔苦悲吟。

江州，白居易还在贬谪的岁月里。

但他并不在意贬官的身份，活得悠然自得，正如他在《咏怀》中所写。

登山，得其崔嵬；临水，得其灵动；饮酒，得其醉意。自然，还有文字，足以收藏岁月和人生中的聚散浮沉。

元和十二年（817）秋，东林寺高僧神凑圆寂。神凑佛法精深，世间俗事极少挂怀。白居易在东林寺的时候，曾与他探讨佛法。在东林寺众僧的一致推荐下，白居易为神凑撰写了墓志铭。

深秋，剑南东川节度使卢坦病故，李逢吉接替其出任剑南东川节度使兼梓州刺史。接到白行简的书信，白居易深知李逢吉非清正之人，意识到弟弟可能会有危险，于是立即回信，并劝白行简离蜀来江州。白行简听取了兄长的建议。

我心忘世久，世亦不我干。遂成一无事，因得长掩关。

掩关来几时？仿佛二三年。著书已盈帙，生子欲能言。

始悟身向老，复悲世多艰。回顾趋时者，役役尘壤间。

岁暮竟何得，不如且安闲。

寒冬，白居易闭门不出，写了这首《闭关》。

一盏灯，一炉火，一壶酒，读书写诗，领悟佛法。

寂静之中，一个孤独的身影，对着摇曳不止的灯火，默然无声。也许他并不孤独，孤独的是外面的世界。

元和十三年（818）初，白行简离开东川，来到了江州。兄弟见面，把盏闲话家常，直到深夜，甚是欢畅。只是说到已故的大哥，都伤心不已。

其后，白居易与白行简便结伴同游江州，纵情于山水之间。他们也曾同上庐山，在白居易的草堂里饮酒赏月。大林寺桃花盛开的时候，白居易又去了那里。与弟弟同游，又是不同的心境。除了大林寺桃花，他也喜欢庐山的桂树，写有《庐山桂》：

偃寒月中桂，结根依青天。天风绕月起，吹子下人间。

飘零委何处，乃落匡庐山。生为石上桂，叶如剪碧鲜。

枝干日长大，根荄日牢坚。不归天上月，空老山中年。

庐山去咸阳，道里三四千。无人为移植，得入上林园。

不及红花树，长栽温室前。

这个春天，白居易的日子仍旧闲适。

有山水为邻，有诗酒在侧，有佛经在手，时光安逸。

某天，东林寺众僧来到白居易家中，请他为新落成的红石塔撰写碑铭。白居易欣然应允，几日后亲自将写好的铭文送到了东林寺，并亲眼看着工匠将其镌刻在石碑上。其后，白居易又在东林寺小住了数日。那些天，他闻晨钟，听暮鼓，沉浸于佛法之中，忆起平时所历之事，只觉得如大梦一场。他写了《自题》一诗，感慨良多：

功名宿昔人多许，宠辱斯须自不知。

一旦失恩先左降，三年随例未量移。

马头觅角生何日，石火敲光住几时。

前事是身俱若此，空门不去欲何之。

不过，古刹虽然寂静，毕竟只是暂时的寄身之处。

他研习和领悟佛法，是为了在变幻莫测的世事中，找寻安宁。兼济天下，造福黎民，是他从未舍弃的夙愿。

这一年，李夷简和崔群为宰相，前者为元稹故友，后者为白居易知交。闻讯后，白居易甚是欣喜。可惜，好景不长，朝廷里风云变幻，李夷简出任宰相后不久，便主动要求外调，离开了京城。尽管如此，在崔群的举荐和周旋之下，白居易的仕途又迎来了转折。

元和十三年（818）十二月二十日，一封朝廷诏书送到了白居易手中，他被任命为忠州（今重庆忠县）刺史。据《旧唐书·白居易传》载："十三年冬，量移忠州刺史。"白居易在《忠州刺史谢上表》中写道："臣某言，臣以去年十二月二十日伏奉敕旨，授臣忠州刺史，以今月二十八日到本州。"

白居易那颗济世之心，在隐忍数年之后，又激烈地跳动起来。他知道，是他的好友崔群不断努力，他才得以被提拔。因此，接到任命诏书当日，他就写了首《除忠州，寄谢崔相公》表示感谢。

提拔出泥知力竭，吹嘘生翅见情深。

剑锋缺折难冲斗，桐尾烧焦岂望琴。

感旧两行年老泪，酬恩一寸岁寒心。

忠州好恶何须问，鸟得辞笼不择林。

三年的江州生活，寂静而风雅。

庐山、东林寺、西林寺、庐山草堂，他都舍不得离开。江州的山水草木，皆是他的知己。

离开的时候，他写了《别草堂三绝句》：

正听山鸟向阳眠，黄纸除书落枕前。

为感君恩须暂起，炉峰不拟住多年。

久眠褐被为居士，忽挂绯袍作使君。

身出草堂心不出，庐山未要勒移文。

三间茅舍向山开，一带山泉绕舍回。

山色泉声莫惆怅，三年官满却归来。

他说，人虽离开，心却还在这里。他还说，三年任期满后，便会回到这里。然而，他没能践约。庐山草堂成了他记忆中的一处芳草田园。再次回到这里，已是多年以后，并且只小住一晚便匆忙离开了。再后来，三间草堂成了游人们慕名来访的风景，可惜，那时候已无白居易把酒吟诗的身影。

白居易本想悄然离开，但临行当日，江州的许多名士来送别。把盏话别，各诉离肠。最后，带着几分酒意和离愁，白居易离开了江州城。

白行简离开蜀中近一年，没想到又随兄长往蜀中而去，一路很是欢欣。白居易的其他家眷亦是兴高采烈。此番行路与几年前离京赴江州的境况大相径庭。毕竟那时候的白居易是贬谪之身，而如今是晋升。

元和十四年（819）三月，在夷陵（今湖北宜昌）码头的一个黄昏，白居易看到一个熟悉的身影。数年未见，他略显苍老，但仍是风流潇洒模样。他是白居易一生的知己——元稹。他乡遇故知，本就是人生幸事，更何况遇到的是交情甚笃的至交！据《旧唐书·白居易传》载："十四年三月，元稹会居易于峡口，停舟夷陵三日。"

白居易被贬江州之后，常与元稹音书往来，互相以诗慰藉。有一次白居易梦见了元稹，便写了首《梦微之》寄到通州。

晨起临风一惆怅，通川溢水断相闻。

不知忆我因何事，昨夜三回梦见君。

收到书信，元稹在欣慰之余，不禁为自己不曾梦见白居易而苦恼，于是写下了《酬乐天频梦微之》。知己天涯，以诗酬唱，岁月不算太寥落。

山水万重书断绝，念君怜我梦相闻。

我今因病魂颠倒，唯梦闲人不梦君。

此番相遇，两人无比激动。拉着手许久不放，才开始寒暄，畅谈别后之事。如今，元稹娶了裴氏为妻，白居易为他高兴。随着崔群、李夷简、裴度等人为相，元稹的处境已不似从前那样艰难。元和十三年（818），他已代理通州刺史，岁末，转虢州长史。没想到此番为公务前去长安，竟与老友相遇于夷陵。把酒言欢之后，两人同榻而眠。

次日，白居易携元稹和白行简同游。行经之处，但有好景，他们便会停驻赋诗。其中就包括别有洞天的三游洞。几日后，江边作别，又是一番感伤。

白居易写了首《十年三月三日，别微之于沣上。十四年三月十一日夜，遇微之于峡中，停舟夷陵，三宿而别，言不尽者，以诗终之，因赋七言十七韵以赠，且欲记所遇之地与相见之时，为他年会话张本也》相赠，其中有：

往事渺茫都似梦，旧游流落半归泉。

醉悲洒泪春杯里，吟苦支颐晓烛前。

莫问龙钟恶官职，且听清脆好文篇。

别来只是成诗癖，老去何曾更酒颠。

各限王程须去住，重开离宴贵留连。

黄牛渡北移征棹，白狗崖东卷别筵。

神女台云闲缭绕，使君滩水急潺湲。

风凄暝色愁杨柳，月吊宵声哭杜鹃。

万丈赤幢潭底日，一条白练峡中天。

君还秦地辞炎徼，我向忠州入瘴烟。

未死会应相见在，又知何地复何年。

古人说，离别虽苦，终有相见之时。

然而，一别天涯，纵能重逢，也不知是何地何年。

世事如谜，经得起任何猜测。

忠州且作三年计

明暗交替，悲喜交织，这就是生活。

若总是沉沦于黯淡阴雨，必然会错过无数晴天。

就像泰戈尔所言："如果错过太阳时你流了泪，那么你也要错过群星了。"经过这世界，我们总要晓悟红尘，明白世事无常，然后淡看世事，不奢求，不绝望。

三年的贬谪生涯结束后，白居易被任命为忠州刺史，他喜出望外。因此，从江州到忠州的路上，他一路流连风景，走得不紧不慢。船过秭归时，白居易和白行简去了昭君村。可惜，那绝代佳人已离开八百多年，红尘陌上，踪迹全无。兄弟两人问当地人关于王昭君的情况，只得到只言片语的回答。

那日，白居易写了首《过昭君村》：

灵珠产无种，彩云出无根。亦如彼姝子，生此遐陋村。
至丽物难掩，遽选入君门。独美众所嫉，终弃于塞垣。
唯此希代色，岂无一顾恩？事排势须去，不得由至尊。
白黑既可变，丹青何足论？竟埋岱北骨，不返巴东魂。
惨澹晚云水，依稀旧乡园。妍姿化已久，但有村名存。
村中有遗老，指点为我言。不取往者戒，恐贻来者冤。
至今村女面，烧灼成瘢痕。

诗的末两句"至今村女面，烧灼成瘢痕"的意思是，鉴于王昭君美丽出众而遭遇悲惨，后来村里的女子怕遭逢同样的命运，都在面孔上烧了许多瘢痕，故意破坏了美貌。这里白居易借王昭君的遭遇，曲折地表达了自己的心境。与其身负满腹经纶，却郁郁不得志，倒不如做个庸常之人，平静度日。

　　到了与忠州相距不远的万州，白居易受到刺史杨归厚的热情款待。杨归厚仕途坎坷，流落在偏远的万州做郡守，颇感失意。两人饮酒叙谈，甚觉相见恨晚。白居易到忠州后，曾写诗《初到忠州登东楼，寄万州杨八使君》，寄给杨归厚：

山束邑居窄，峡牵气候偏。林峦少平地，雾雨多阴天。
隐隐煮盐火，漠漠烧畲烟。赖此东楼夕，风月时翛然。
凭轩望所思，目断心涓涓。背春有去雁，上水无来船。
我怀巴东守，本是关西贤。平生已不浅，流落重相怜。
水梗漂万里，笼禽囚五年。新恩同雨露，远郡邻山川。
书信虽往复，封疆徒接连。其如美人面，欲见杳无缘。

　　几日后，白居易抵达忠州。即将卸任的刺史李景俭前来迎接。
　　李景俭豪放不羁，不拘小节，白居易很欣赏他的性情。办妥交接事宜，李景俭起程，白居易为他饯行，并以诗相赠，题为《初到忠州赠李六》：

好在天涯李使君，江头相见日黄昏。
吏人生梗都如鹿，市井疏芜只抵村。
一只兰船当驿路，百层石磴上州门。
更无平地堪行处，虚受朱轮五马恩。

忠州地处偏僻，只是一座小城。这里没有长安的繁华，没有江州的秀美，只有四面的山，环绕着贫瘠的土地。尽管如此，白居易还是决定随遇而安。而且之前在江州，他只是个附属官，难有作为；如今他是一州郡守，此地虽并不富庶，但他还是决定大展拳脚，为这里的百姓做些实事。为官一任，造福一方，正是他的愿望。

经过考察，白居易提出了两项政策：一是大力发展农业，同时减轻百姓的赋税压力；二是使用相对宽松的刑法，使百姓安居乐业。同时，白居易也非常重视当地的教育，他得空便会前往书院，视察或授课，尽力帮助当地人读书识字。有人慕名从很远的地方赶来，想要与他探讨学问，他从不拒绝。

另外，白居易还亲自督促当地人农耕，组织人们修桥铺路。身为州县长官，他可谓尽职尽责。尽管他在忠州只待了一年，但经过不懈努力，忠州的民生有了显著改观，当地民众对他无比崇敬。

白居易带人在州衙东北部不远处的山坡上，栽种了杨柳、桃树和杏树。这个山坡，白居易称之为东坡。按当时的制度，他这位被贬谪的刺史，需待三年，才能调离忠州。他心想着，三年后的春天，定能在东坡看到花开，于是他写了首《种桃杏》，满怀期许：

无论海角与天涯，大抵心安即是家。

路远谁能念乡曲？年深兼欲忘京华。

忠州且作三年计，种杏栽桃拟待花。

　　白居易喜欢忠州的木莲和荔枝。他曾请当地善画的道士毋丘元志画了几幅木莲树花，并题写三首绝句以记画。他在序言中写道："木莲树生巴峡山谷间，巴民亦呼为黄心树。大者高五丈，涉冬不凋，身如青杨，有白文。叶如桂，厚大无脊。花如莲，香色艳腻皆同，独房蕊有异。四月初始开，自开迨谢仅二十日。忠州西北十里，有鸣玉溪，生者秾茂尤异。元和十四年夏，命道士毋丘元志写，惜其遐僻，因题三绝句云。"他在《木莲树诗·其二》中写道：

红似燕支腻如粉，伤心好物不须史。

山中风起无时节，明日重来得在无？

　　此地的荔枝，果肉鲜美，甘甜滋润。白居易写有《题郡中荔枝诗十八韵，兼寄万州杨八使君》一诗。当地人告诉他，上游的涪州所产荔枝经常供给京城。

　　白居易想起杨贵妃喜欢吃荔枝，唐玄宗便命人从千里之外快马疾驰，将荔枝运到皇宫。自然地，他也想起了杨贵妃的结局，想起了自己多年前所作的《长恨歌》。多年后，杜牧在《过华清宫》中写道：

长安回望绣成堆，山顶千门次第开。

一骑红尘妃子笑，无人知是荔枝来。

大唐盛世，在《霓裳羽衣舞》被惊破以后，便成了乱世。一骑红尘妃子笑的画面，也成了一种讽刺。

杜牧所写，正是白居易所想。

除醉无因破得愁

岁月很深，人生很短。

我们终要一壶酒，酹江月，对年光。

在忠州，白居易的生活比较忙碌。忠州各项事宜，大到民生民情，小到栽花种树，他总会亲自过问。不过，闲暇之余，他还是喜欢纵情诗酒。偶尔写诗寄给远方的好友，比如元稹，比如杨归厚；偶尔漫步到东坡，看山看水。

他将忠州的荔枝寄给万州的好友杨归厚，杨归厚吃完后将果核留下，写信说打算种在园子里。白居易在回信中写了首《重寄荔枝与杨使君，时闻杨使君欲种植，故有落句之戏》：

摘来正带凌晨露，寄去须凭下水船。

映我绯衫浑不见，对公银印最相鲜。

香连翠叶真堪画，红透青笼实可怜。

闻道万州方欲种，愁君得吃是何年。

结尾戏谑之语，甚是文雅。

听说你要在万州种荔枝，不知吃到荔枝是何年何月，真为你发愁。

他是个温雅的才子，但是与好友往来，轻松自在，不乏幽默。

这天，白居易又来到东坡。秋高气爽，万里无云，漫步于此，几分畅快，几分坦然。满地的黄叶，踩上去就像踩着岁月的断发，有些不忍。九月，西风吹过，古今皆凉。立在东坡，遥望红尘，他想起了陶渊明，想起了白衣送酒的故事。

那个九月九日，闲来无事，陶渊明独坐菊花丛，抚琴吟唱。此情此景，无酒助兴，甚是惆怅。突然间，见一白衣男子风尘仆仆地赶来，送给他一坛酒。陶渊明也不推辞，开怀畅饮，醉了便睡在菊花丛里。送酒的人，是江州刺史王弘，喜交天下名士，曾多次给陶渊明送酒。

东篱独坐，白衣送酒，千年的风流快意。

想必若有个如陶渊明一样的诗人，清贫度日，白居易也会如王弘那样，送酒给他。又或许，若非心系天下，白居易也愿意成为陶渊明那样的诗人，隐于田园，诗酒度日。当然，他也希望有个如王弘那样的刺史，懂他的心思和性情，送他一壶酒，解他凉秋无酒之愁。

日子原本清静，噩耗突然传来。他的故友，周至的王质夫，于半月前故去了。想起多年前同游的画面，白居易满心悲伤。一别如斯，想着还能重逢，没想到竟会天人永隔。半年以前，他还写诗《寄王质夫》：

忆始识君时，爱君世缘薄。我亦吏王畿，不为名利著。

春寻仙游洞，秋上云居阁。楼观水潺潺，龙潭花漠漠。

吟诗石上坐，引酒泉边酌。因话出处心，心期老岩壑。

忽从风雨别，遂被簪缨缚。君作出山云，我为入笼鹤。

笼深鹤残悴，山远云飘泊。去处虽不同，同负平生约。

今来各何在？老去随所托。我守巴南城，君佐征西幕。

年颜渐衰飒，生计仍萧索。方含去国愁，且羡从军乐。

旧游疑是梦，往事思如昨。相忆春又深，故山花正落。

"君作出山云，我为入笼鹤。"

他羡慕王质夫隐于山野、来去飘然的生活。

这首诗，先是回忆了白、王二人相识相处的经过；继而又对两人的抱负做了陈述，对两人的处境深为叹息；最后，又梦回周至，流露出眷恋之情和惋惜之意。

王质夫性情高逸，不喜俗世喧嚷，隐于偏僻之处，与云山为邻，也常与性情相投的朋友们诗酒往来。

白居易在《招王质夫》一诗中写道：

濯足云水客，折腰簪笏身。

喧闲迹相背，十里别经旬。

忽因乘逸兴，莫惜访嚣尘。

窗前故栽竹,与君为主人。

白居易很感谢王质夫到喧嚣嘈杂的县衙看望自己。为谢友真诚,也为邀友常访,白居易特意在自己居所的窗前栽上了竹子,意思是让友人如自己一样,成为这里的主人。

那时候,白居易虽身在官场,但也是个喜欢山水和诗酒的人,他还在诗中表达了对官场的厌倦。他说,"忆昨为官日,折腰多苦辛";他说,"一为趋走吏,尘土不开颜";他说,"胜地本来无定主,大都山属爱山人"。

这些诗句,都是无意官场、喜爱山水的纯真坦陈。这种本质,恰与王质夫秉性相投、意气相通。那时候,白居易写过一首《祗役骆口,因与王质夫同游秋山,偶题三韵》:

石拥百泉合,云破千峰开。
平生烟霞侣,此地重裴回。
今日勤王意,一半为山来。

无论是得意还是失意,白居易都时常忆起王质夫。事实上,王质夫也甚是想念旧友,也曾邀请白居易重游故地。可惜那时候白居易公务繁忙,难以脱身。如今,王质夫骤然离世,忆起往事,他黯然神伤,写了首《哭王质夫》:

仙游寺前别，别来十年余。生别犹怏怏，死别复何如？

客从梓潼来，道君死不虚。惊疑心未信，欲哭复踟蹰。

踟蹰寝门侧，声发涕亦俱。衣上今日泪，箧中前月书。

怜君古人风，重有君子儒。篇咏陶谢辈，风襟嵇阮徒。

出身既寒屯，生世仍须史。诚知天至高，安得不一呼？

江南有毒蟒，江北有妖狐。皆享千年寿，多于王质夫。

不知彼何德？不识此何辜？

人们常说，来日方长。

然而，许多离别，一挥手就成了天上人间。

生命来来往往，来日并不方长。

冬天，闲日多了，白居易反而有些惆怅，时常对酒当歌。他在《东楼醉》中写道：

天涯深峡无人地，岁暮穷阴欲夜天。

不向东楼时一醉，如何拟过二三年。

有时甚至借酒来遁世，如《东楼招客夜饮》中所说：

莫辞数数醉东楼，除醉无因破得愁。

唯有绿樽红烛下，暂时不似在忠州。

某次饮宴，主人安排了歌舞表演，一位须发花白的老者吹笛伴奏，引起了白居易的兴趣。他问询后得知，这位老者姓康，多年前住在长安，是天宝年间人，家境盈实。他年轻时喜好诗文，但是不务正业，终日游手好闲。后来，家财荡尽，只能流落四方。白居易见老者贫寒，便将自己的锦袍赠给了他，还写了首诗《赠康叟》：

八十秦翁老不归，南宾太守乞寒衣。
再三怜汝非他意，天宝遗民见渐稀。

那晚，白居易是带着几分悲伤回去的。

大唐盛世，终于还是老去了。

元和十五年（820）正月，唐宪宗暴毙。消息传出，朝野震惊。

唐宪宗驾崩时，年仅四十三岁。他的死因，众说纷纭。按照《旧唐书·宪宗本纪》记载，唐宪宗是被宦官所害的："庚子……是夕，上崩于大明宫之中和殿，享年四十三。时以暴崩，皆言内官陈弘志弑逆，史氏讳而不书。"也就是说，唐宪宗死后，当时的社会舆论都认为宦官陈弘志是凶手。十五年后，唐宪宗的孙子唐文宗下诏，将陈弘志杖杀，"以有弑逆之罪也"。

也有人说，害死唐宪宗的主谋是郭妃和其子李恒。郭妃出身显赫，其祖父是郭子仪，父亲是驸马都尉郭暧，母亲是升平公主。唐宪宗先立长子李宁为太子，李宁死后，为立谁为太子，宦官集团纷争不断。

当时，宦官集团分为两派，吐突承璀一派拥护立李恽为太子，梁守谦、王守澄一派则拥护李恒为太子。为争太子之位，两派明争暗斗不止。在争权夺利的斗争中，宪宗惨死，李恒顺利登上了帝位。继位后，李恒做的第一件事，就是处死吐突承璀及自己的二哥澧王李恽。其后，元和朝的宦官，除了依附李恒的那些人，尽数被诛灭。

对于唐宪宗之死，王夫之评论道："则宪宗之贼，非郭氏、穆宗而谁哉？穆宗以嫡长嗣统，逆出于秘密，故大臣不敢言，史臣不敢述，而苟且涂饰。"

在好友李绛的来信中，白居易得到了宪宗的死讯。

他写了首《奉酬李相公见示绝句》，并注明"时初闻国哀"。

碧油幢下捧新诗，荣贱虽殊共一悲。
涕泪满襟君莫怪，甘泉侍从最多时。

宪宗死后，李恒继位，即唐穆宗。

白居易生平经历了八个皇帝，唐穆宗是第五个。大唐帝国在他的目睹下，渐渐衰落着。

他的目光里，不无悲伤。

长安如归

东坡之上，独自安坐。

夕阳西下，万里关山不语。

他是白居易，还在忠州。远离繁华，自得其乐。

不过，身在忠州的白居易，日子虽然充实，却也有些不甘。他的夙愿是安济天下，如今被安置在偏僻逼仄的忠州，不免心生寥落。宪宗突然驾崩，白居易很伤心。虽然曾被贬为江州司马，但是回首过往，一路走来，从周至县尉到左拾遗充翰林学士，从户曹参军到赞善大夫，虽然波折不断，毕竟是奔走于天子脚下。他在那首写给李绛的诗中说"涕泪满襟"，并非故作姿态，而是发自肺腑。他在忠州设了灵堂，率所有官吏祭奠，为宪宗守灵三日。那些天，白居易心情格外沉重。

白居易本以为，穆宗继位后，自己会被调回朝廷，然而许多日子过去，仍不见朝廷诏书送来。倒是他的好友元稹，此时在朝廷可谓如鱼得水。元和十四年（819）冬，唐宪宗召元稹回京，授膳部员外郎。宰相令狐楚对元稹诗文深为赞赏，评价说："以为今代之鲍、谢（鲍照、谢灵运）也。"

唐穆宗继位后，因宰相段文昌之荐，元稹被授祠部郎中、知制诰。穆宗为太子时已喜爱元稹诗歌，此时特别器重于他，经常召见，语及兵赋及西北边事，令其筹划。数月后，元稹被擢为中书舍人、翰林承旨学士，与已在翰林院的李德裕、李绅俱以学识才艺闻名，时称"三俊"。

好友得朝廷重用，白居易深感欣慰。但一想到自己处境尴尬，许久都未被召入京，还是有些失落。妻子杨氏见他情绪不佳，便温言相劝。加上女儿嬉闹在侧，他便又觉得，人生不过如此，浮沉起落，皆如幻梦。尽管如此，《委顺》诗里还是藏着几分牢骚：

> 山城虽荒芜，竹树有嘉色。郡俸诚不多，亦足充衣食。
> 外累由心起，心宁累自息。尚欲忘家乡，谁能算官职？
> 宜怀齐远近，委顺随南北。归去诚可怜，天涯住亦得。

心安即是归处。

走过迢迢红尘，最重要的就是把心安顿好。

如此，无论身在何方，无论晴天雨天，总有安身之处。

若能看淡，自可心安。世间之事，终不过缘来缘去四字。白居易心想，不被召入京也好，忠州虽然偏远贫瘠，但是足够清静。他可以饮酒写诗，可以陪伴妻儿，也可以在他的东坡种豆采菊，日子也算滋润。就像他在诗中所写："忠州且作三年计，种杏栽桃拟待花。"一切都强求不得，他心下了然。

没料到，在做好准备在忠州安心度日后，他却被召回了朝廷。元和十四年（820）冬，白居易接到了朝廷的任命诏书，他被召回京，任尚书司门员外郎。据《旧唐书·白居易传》载："其年冬，召还京师，拜司门员外郎。"等了很久，终于等来了诏书，白居易格外欣喜。

忠州虽然贫瘠，但是离开的时候，他还是有些不舍。除了山水草木，他放不下的还有这里的黎民百姓。他已经尽力，但仍觉得有愧于百姓。他给接任的刺史留了一封书信，信中写道："此地虽然偏僻，但民风淳朴，希望你能善待这里的百姓，造福一方……"接任的刺史看到书信，甚为感动，回信说："白大人只管安心回长安，我定会爱民如子，体恤百姓，为这里造福……"

临行前，白居易再次来到东坡，看着他种下的花木，满心不舍。许多日子，他或是独自或是由白行简相随来到这里，赏花木，听晚风，对山月。有时候，携一壶酒前来，坐于山坡，小酌几杯，只觉这里便是自己的东篱。

但是现在，他必须离开了。

草木若是有心，定能明白这诗人的深情。

白居易写了两首七绝，题为《别种东坡花树两绝》：

三年留滞在江城，草树禽鱼尽有情。

何处殷勤重回首？东坡桃李种新成。

花林好住莫憔悴，春至但知依旧春。

楼上明年新太守，不妨还是爱花人。

红尘万丈，总是飘零。

足迹所至，都不过是人生驿站。

我们终会带着憔悴的自己，再次离开，远赴天涯。

一次次辗转，一次次感伤，就像一次次的花开花谢。

白居易在忠州任刺史，不过一年有余，却留下了多首与忠州有关的诗，足见其对忠州的感情之深。后来，身在繁华的长安，他还时常忆起忠州。某天，独自看花，他再次想起了忠州，便写了首《西省对花忆忠州东坡新花树，因寄题东楼》：

> 每看阙下丹青树，不忘天边锦绣林。
> 西掖垣中今日眼，南宾楼上去年心。
> 花含春意无分别，物感人情有浅深。
> 最忆东坡红烂熳，野桃山杏水林檎。

此刻，白居易踏上了回长安的路途。

忠州城在他身后渐行渐远，终于，消失在视线中，只剩一片朦胧，那是清淡的往事。

长安，一别数年，白居易再次回到了这里。走的时候，带着落寞；如今回来，说不上春风得意，也总算是苦尽甘来。所有的喧嚷和车水马龙都如从前，昭示着长安的繁华和热闹。尽管对这座城市早已熟悉，但每次回到这里，都像是初至。因为每次他的心境都与往日不同。

除了白居易，钱徽、崔群等人也被召回了长安。穆宗任用的两个宰相，都是进士出身支持革新的。与白居易交好的很多人，如今都在朝中任职。应该说，此时的政治环境对于白居易来说，是比较宽松的。

回长安之初，白居易全家住在元宗简家里。后来，白居易在新昌坊买了处房舍，才将家搬了过去。房子并不宽敞，为了买房子，白居易几乎跑遍了整个长安城。

那些日子，他总是想起多年前初到长安时顾况说的话："长安米贵，居大不易。"顾况说这话，虽有戏谑之意，但是并不夸张。那时候，繁华的长安城因物价、房价太高，让许多人望而却步。

有了房子，白居易在长安的生活总算安定了下来。尚书司门员外郎，属于从六品上，隶属于尚书省刑部，掌管天下诸门关卡。这个职位并不忙碌，只不过每天穿着绿袍入朝，让白居易在开始时心中略有点不平衡。要知道，他的好友元稹此时为祠部郎中、知制诰，赐绯鱼袋，看起来极是荣耀。

不过，旷达的白居易很快就释然了。品级高低，只能顺应，无法强求。他衷心希望好友元稹能够步步高升。他知道元稹才情满腹，下朝以后，他们仍是故人知交，时常相约饮酒，同游陌上，闲过曲江。他们在一起，从来都是诗酒迷离的画面。

当然，与白居易时常诗酒相与的，还有钱徽和崔群，以及张籍等人。

张籍曾任太常寺太祝长达十载。白居易知他德才俱佳，总是为他的处境感到惋惜。白居易回京后，得知张籍已迁转国子助教、秘书郎，甚感欣慰。白居易是张籍极为看重的朋友。张籍曾对人说，生平所交，情谊最深的是两个人，一是韩愈，二是白居易。要知道，韩愈既是张籍的恩师，也是他的诗友，关系非同寻常。

白居易回京，张籍十分高兴。他常去白居易的住处，与之诗酒酬唱。这天，他又来到白居易家，还带着两首诗。原来，裴度送了张籍一匹马，张籍写了首《谢裴司空赠马》，韩愈写了首《贺张十八秘书得裴司空马》。白居易读了这两首诗，写了首《和张十八秘书谢裴相公寄马》：

> 齿齐朦足毛头腻，秘阁张郎叱拨驹。
>
> 洗了颔花翻假锦，走时蹄汗踏真珠。
>
> 青衫乍见曾惊否？红粟难赊得饱无。
>
> 丞相寄来应有意，遣君骑去上云衢。

不久后，元稹也兴致盎然地写了首《酬张秘书因寄马赠诗》：

> 丞相功高厌武名，牵将战马寄儒生。
>
> 四蹄蒟距藏虽尽，六尺须头见尚惊。
>
> 减粟偷儿憎未饱，骑驴诗客骂先行。
>
> 劝君还却司空著，莫遣衔参傍子城。

又过了数日，张籍收到了裴度的答谢诗《酬张秘书，因寄马赠诗》：

> 满城驰逐皆求马，古寺闲行独与君。
>
> 代步本惭非逸足，缘情何幸枉高文。
>
> 若逢佳丽从将换，莫共驽骀角出群。
>
> 飞控著鞭能顾我，当时王粲亦从军。

一匹马，成就了这么多首诗，只因那是个诗的年代。

烟火日子有诗，林泉风月有诗，宦海浮沉也有诗。

两百多年的大唐岁月，尽在酒杯里，摇摇晃晃。

有了诗，一个时代便有了万种风情。

思归旧草堂

我们不必追赶岁月的深情。

苦楚迷离，悲伤寥落，在岁月面前，终将释怀。

生命的旅途，本就是阴晴交替、风雨兼程。

日子越过越薄，所有的执念，终会被时光的河流打磨圆润。我们终会明白，世间万事皆强求不得，只能顺其自然。潮起潮落，月圆月缺，都该淡然视之，不惆怅，不悲伤。纵然落花满地，也要有一份闲扫落花的心情。

此番白居易回到朝廷，可谓顺风顺水。仅仅四个月后，他再次升官，除尚书省主客郎中、知制诰。据《旧唐书·穆宗本纪》载："十二月……丙申，以司门员外郎白居易为主客郎中、知制诰。"从六品上的尚书省刑部司门员外郎，到从五品上的尚书省礼部主客郎中，不只是品级升了一级，更重要的是知制诰这个头衔意味着到宫廷中当值，随时为皇帝起草诏书，接近了最高决策的权力中心。

当时出任知制诰的大都是白居易的旧友，如元稹、李宗闵、王起等人。短时间内便得升迁，白居易喜出望外。尤其是和好友们一起工作，闲暇之余又可以把酒言欢，他甚是高兴。一天夜里，几个好友相聚倾谈把酒，白居易写了首《初除主客郎中、知制诰，与王十一、李七、元九三舍人中书同宿，话旧感怀》，似乎是感慨自己年岁偏大：

闲宵静话喜还悲，聚散穷通不自知。

已分云泥行异路，忽惊鸡鹤宿同枝。

紫垣曹署荣华地，白发郎官老丑时。

莫怪不如君气味，此中来校十年迟。

一日散朝后，元宗简和白居易同行，见大部分官员身着紫色、红色官服，而他们两人身着青色官服，元宗简心里不大平衡，唠叨了几句，是一首七绝。白居易也应和了一首，题为《朝回和元少尹绝句》：

朝客朝回回望好，尽纡朱紫佩金银。

此时独与君为伴，马上青袍唯两人。

穆宗继位次年，改年号为长庆。

春光明媚的日子，白居易心情极好，他常与好友诗酒酬唱，陌上闲游。不过，好友李建的突然离世，让他悲伤了许久。那些日子，他时常读佛经，了悟佛理，想念远在江州的僧人朋友们，于是写了首《春忆二林寺旧游，因寄朗、满、晦三上人》：

一别东林三度春，每春常似忆情亲。

头陀会里为遗客，供奉班中作老臣。

清净久辞香火伴，尘劳难索幻泡身。

最惭僧社题桥处，十八人名空一人。

白居易的好友中，有一个人比较特别，那就是在他之前任忠州刺史的李景俭。此人性情刚直，豪放不羁，不屑王侯贵胄，好酒又易醉，醉了便喜欢口出狂言，经常得罪人。元和末年，他被召入朝，后因得罪权臣被贬为沣州刺史。后因李绅、元稹等人在穆宗面前说好话，他才改拜仓部员外郎，并很快被提拔为谏议大夫。

这天，下朝后无事，李景俭与兵部郎中知制诰冯宿、库部郎中知制诰杨嗣复、起居舍人温造、史官独孤朗相聚饮酒，漫谈天下之事。后来说到河北用兵，说到此年夏秋时节发生的卢龙军乱、瀛州军乱、相州军乱等军政大事，半醉的李景俭说，归根结底是朝廷处置不当，皇帝有责任，那些宰相更有责任。

这还没完。带着醉意，李景俭又独自来到了中书省，进门后直呼宰相王播、崔植、杜元颖的名字，直斥他们的过失。几位宰相很快就将此事上奏给了穆宗。结果，穆宗下旨，李景俭被贬为漳州刺史，温造、独孤朗等人也悉数被贬出了长安。

元稹与李景俭交好，便来找白居易商议。然而，他们并没有太好的办法来解救李景俭。毕竟入中书省当面斥责众宰相，实属狂悖之举，有损朝廷颜面，除了逞一时之快，并无益处。白居易对被斥责的几位宰相也很是不屑，但他不赞成李景俭鲁莽的做法。

这一年，进士科考试在京举行，主考官为礼部侍郎钱徽和右补阙杨汝士。考试之前，四川节度使段文昌向钱徽推荐了故刑部侍郎杨凭之子杨浑之，翰林学士李绅向钱徽推荐了保举举子周汉宾。科举考试之前，这样的推荐是常有的事。只不过有的是真心为国家推荐人才，有的则是出于私心，为利益驱使，培植个人势力。

结果，杨浑之和周汉宾双双落榜，而李宗闵的女婿苏巢和杨汝士的季弟杨殷士、宰相裴度的儿子裴撰被录取。段文昌和李绅非常生气，给穆宗上奏疏，说此次进士科考试有营私舞弊现象，所选进士皆是公卿子弟，难以服众，应当重考。

当时，元稹、李德裕也主张重考。于是，穆宗决定复试，委派王起和白居易负责复试事宜。据《旧唐书·穆宗本纪》载："长庆元年……三月……己未……敕今年钱徽下进士及第郑朗等一十四人，宜令中书舍人王起、主客郎中知制诰白居易等重试以闻。"此次复试，白居易知道事关重大，不敢有丝毫马虎。复试之后，他写了一道《论重考试进士事宜状》，上奏穆宗。

这封奏疏的大体意思是：第一，此次重试与以往吏部考试相比，时间短，要求高，对考生不甚有利；第二，基于这种情况，在处理时对考生应尽量宽容。然而，之前那些中举的考生，在复试中只有寥寥几人勉强及第，穆宗得知情况后大怒。于是，主考官钱徽被贬为江州刺史，杨汝士被贬为开江令。复试结束后，李宗闵颜面大失。此后，李德裕与李宗闵渐成水火难容之态，牛李党争愈演愈烈。

复试之中，白居易处事公正，朝中少有非议。对于朝廷党争，白居易不想介入，始终尽力远离。不过，尽管他保持中立态度，但还是不能完全置身事外。

毕竟朝中之事，不是想避就能避开的。

钱徽被贬出京，白居易有些内疚，毕竟是他亲自主持的复试。钱徽被贬去的地方，正是白居易时常惦念的江州。那里，有他的草堂，有几年风雨不惊的日子。钱徽离京前，白居易为他饯行，喝着酒告诉他，自己在江州建有一座草堂，安静清幽，偶尔可去坐坐。而且，他还以一首《钱侍郎使君以题庐山草堂诗见寄，因酬之》相赠：

殷勤江郡守，怅望掖垣郎。惭见新琼什，思归旧草堂。
事随心未得，名与道相妨。若不休官去，人间到老忙。

虽是送别之作，却能看出几分归隐之意。

终究，他最向往的，仍是远离喧嚣和纷扰的山水田园生活。

与周旋于官场相比，泛舟湖上，把酒作诗，显然要自在得多。他是这样：进可居庙堂之高，退可处江湖之远。

进退之间，有诗有酒，有一颗赤子之心。

送走好友钱徽后不久，白居易又逢升迁。六月，他与元宗简同时被封为朝散大夫，开始正式着绯色朝服（绯色即朱色，为五品以上官员所着官服颜色）。不久后，白居易再次得到提拔，被封为上柱国。上柱国是唐代勋官的最高级，正二品。因为白居易有了正二品的勋阶，妻子杨氏也被穆宗封为弘农县君。为此，白居易写了首《妻初授邑号告身》：

弘农旧县授新封，钿轴金泥诰一通。

我转官阶常自愧，君加邑号有何功？

花笺印了排窠湿，锦褾装来耀手红。

倚得身名便慵堕，日高犹睡绿窗中。

看得出，在升官的欢喜中，白居易也有几分惆怅。似乎是说，在朝廷并无作为，所以受之有愧。

长庆元年（821）十月，白居易被授为中书舍人。据《旧唐书·穆宗本纪》载："十月……辛未，以中书舍人、知贡举王起为礼部侍郎……壬午，以尚书主客郎中、知制诰白居易为中书舍人。"

这标志着白居易从此进入了高官行列。喜悦是有的，但白居易不想要虚浮的官位和声名，他希望能以自己的才学，为朝廷和天下苍生做些实在的事情。

冬天，长安城里，飞雪满天。

炉火旁，白居易闲坐着，煮酒写诗。几分落寞，几分悠然。

酒很暖，往事很凉，岁月很长。落笔处，字迹洇开。

白纸黑字，平平仄仄，是世事无常。

宦途堪笑不胜悲

人生的旅途，各有各的风景。

你观花，我听雨；你流连风月，我品味春秋。

对于古代的读书人，人生的最好状态莫过于走入魏阙，在仕途风雨不惊，以己之才学安济天下，照拂苍生，老去之后辞官而去，隐退林泉。白居易亦是如此。他的仕途虽有波折浮沉，但总的来说有惊无险。他在属于自己的位置上，尽了最大的力造福于民。最后，淡然退去，来去潇洒。虽然不无遗憾，却是无愧于心。

如今，白居易已身居中书舍人高位。不算位极人臣，但足可告慰列祖。不过，白居易并非醉心名利之人。他心中所愿，不是登上权力顶峰，一览众山小，而是尽其所能，使天下安和，黎民无恙。很可惜，大唐帝国江河日下，复兴王朝的愿望无法实现，他只能在他的职位上兢兢业业，安抚黎民。

与白居易相比，元稹对于功名的追求要强烈许多。也因此，他很快就陷入了权力争斗的旋涡，无法自拔。长庆元年（821），被贬为河东节度使的裴度见元稹权位日渐高升，便再三上书，弹劾元稹结交宦官魏弘简，意图扰乱朝政。穆宗欣赏元稹，也非常器重他，所以对裴度的上书不以为然，但顾及朝廷内外的舆论压力，还是罢免了元稹的承制学士之职，授以工部侍郎。

长庆二年（822），元稹被提拔为平章事。为了升迁，元稹曾拉帮结派，致朝廷一些官员不屑，不少人认为他趋炎附势，过于追求名利。元稹也曾千方百计想要拉白居易入自己的"阵营"，但白居易不愿介入朝廷的党派之争，始终不曾答应。而且白居易也多次劝元稹，应当淡泊名利。他们之间，也开始出现了隔阂。

虽然元稹与裴度曾是好友，但为了争权夺利，也是明争暗斗，甚至不惜头破血流。那些年，裴度常年在河北一带带兵打仗，平定藩镇叛乱，可谓劳苦功高。元稹出任宰相后，多次向穆宗上书，称那些年军费开支过多，建议削去裴度的兵权。穆宗觉得有理，于是迁裴度为东都尚书，驻守洛阳。

但为了制衡，长庆二年（822）初，元稹与裴度同时被召为宰相。与此同时，觊觎宰相之位的李逢吉也在尽力玩弄权术。李逢吉其人，阴险狡诈，最擅暗箭伤人，史书称他"天与奸回，妒贤伤善"。唐宪宗时，朝廷讨伐淮、蔡，让裴度带兵，李逢吉从中作梗，因此他与裴度关系紧张。后来，李逢吉因事被贬出了京城。

三月，李逢吉被召为兵部尚书。回到朝廷，元稹与裴度已经拜相，李逢吉便想方设法排挤他们，以便取而代之。不久后，他与宦官相勾结，制造了一起事端，以此诬告元稹。他派人告诉裴度，说元稹搜罗了一些武艺高强之人，正在寻找机会刺杀裴度，裴度将信将疑。后来，李逢吉见裴度没有动作，又派人前往神策军处告状。

结果，此事惊动了穆宗，引起朝野震动。后来，虽然查明了真相，但元稹和裴度还是被同时罢相。元稹被贬为同州刺史，无比委屈，却又无力回天。李逢吉如愿登上了相位。

元稹和裴度都与白居易交情甚笃，白居易希望自己的朋友们能够在仕途一路攀升，但不愿看到他们陷入权力争斗之中，更不愿看到朋友们互相厮杀和倾轧，可他也没办法。官场如战场，不见烽烟弥漫，却早已血流成河。

"名利"二字的背后，永远都是钩心斗角、尔虞我诈。所以，入京不到两年，白居易已疲惫不堪。在萧俛府中，白居易见到了自远禅师，与之深谈许久。然后，他写了首《萧相公宅遇自远禅师，有感而赠》：

> 宦途堪笑不胜悲，昨日荣华今日衰。
> 转似秋蓬无定处，长于春梦几多时。
> 半头白发惭萧相，满面红尘问远师。
> 应是世间缘未尽，欲抛官去尚迟疑。

他那颗忧国忧民之心，始终不曾泯灭。

但是，朝廷纷扰，政治争斗，他实在不愿涉身其中。此时的白居易只愿远离朝野，退身到山水清明之处。

他的心境，正如几百年后苏轼在《行香子·述怀》一词中所写：

> 清夜无尘，月色如银。酒斟时、须满十分。浮名浮利，虚苦劳神。

叹隙中驹、石中火、梦中身。

虽抱文章，开口谁亲。且陶陶、乐尽天真。几时归去，作个闲人。对一张琴、一壶酒、一溪云。

元稹临行前，白居易为他送行。

话语不多。知己之间，无须多言。

道声珍重，各自安好，便是最后的愿望。

白居易说了自己隐退的想法，元稹并没有太吃惊，他了解白居易。元稹走后，白居易既为老友的遭遇而难过，又为之庆幸。远离了纷扰不休的朝野，他可以过得清闲自在，或许是好事。当然，在京城失去了一个把酒言欢的知己，白居易难免心生惆怅。所幸，他还有不少朋友，比如张籍、崔群等人。

张籍与白居易和韩愈都交情匪浅，所以希望通过自己的努力，使两人成为好友。

韩愈性格开朗豁达，与人交往，只论性情，不看贫富贵贱。年轻时同孟郊、张籍友善，那时二人声名地位还不高，韩愈在公卿中赞扬推崇他们。后来韩愈虽然身份显贵，闲暇之余仍会与他们把酒倾谈，论文赋诗，一如从前。而对那些庸俗的权贵政要，他向来冷眼相对。

韩愈极其推重李白和杜甫。但是，在盛行王维、孟浩然及元稹、白居易诗风的中唐时期，李白和杜甫的诗歌成就往往不被重视。白居易和元稹曾号称学习杜甫，而对于与杜甫齐名的李白，则有贬抑之意。

白居易在《与元九书》中说："诗之豪者，世称李杜。李之作，才矣！奇矣！人不迨矣！索其风雅比兴，十无一焉。杜诗最多，可传者千余首。至于贯穿古今，觏缕格律，尽工尽善，又过于李焉。"

元稹在《唐故工部员外郎杜君墓系铭并序》中写道："则诗人以来，未有如子美者。时山东人李白，亦以奇文取称，时人谓之'李杜'。余观其壮浪纵恣，摆去拘束，模写物象，及乐府歌诗，诚亦差肩于子美矣。至若铺陈终始，排比声韵，大或千言，次犹数百，词气豪迈而风调清深，属对律切而脱弃凡近，则李尚不能历其藩翰，况堂奥乎！"

对此，韩愈很是不屑。他在《调张籍》一诗中写道："李杜文章在，光焰万丈长。不知群儿愚，那用故谤伤。蚍蜉撼大树，可笑不自量！"他对李白和杜甫的诗文，表现出高度仰慕之情。同时，对白居易和元稹给予了嘲讽。大概是因为这件事，韩愈与白居易和元稹往来极少，张籍一直想从中调和。

这天，张籍与韩愈喝酒，说起白居易，张籍多有赞誉之意。韩愈明白他的心意，便写了首《早春与张十八博士籍游杨尚书林亭，寄第三阁老兼呈白冯二阁老》：

墙下春渠入禁沟，渠冰初破满渠浮。

凤池近日长先暖，流到池时更不流。

韩愈的意思是，自己与白居易之间已无隔阂。他借诗问白居易，心中的冰是否已经融化。张籍将诗交给白居易，白居易明白诗中意思，便和了一首，题为《和韩侍郎题杨舍人林池见寄》：

渠水暗流春冻解，风吹日炙不成凝。
凤池冷暖君谙在，二月因何更有冰？

显然，白居易也有冰释前嫌的愿望。

可惜在两个人关系渐渐缓和的时候，韩愈奉命出使，前往镇州平叛。后来，平叛有惊无险，韩愈安然回京，由兵部侍郎转为吏部侍郎。

春江水暖，韩愈和张籍同游曲江。韩愈问张籍为何不请白居易同游，张籍说白居易有事无法前来。韩愈认为白居易是故意不肯前来，于是写了首《同水部张员外籍曲江春游，寄白二十二舍人》：

漠漠轻阴晚自开，青天白日映楼台。
曲江水满花千树，有底忙时不肯来。

不久后，白居易以诗作答，题为《酬韩侍郎、张博士雨后游曲江见寄》：

小园新种红樱树，闲绕花行便当游。
何必更随鞍马队，冲泥蹋雨曲江头。

我家小园花开，独自赏花亦是别有意趣。我不愿和那些巴结你的人一起，随你同游曲江。

这就是白居易的态度。韩愈虽身份尊贵，但傲岸的白居易从来不喜攀附和巴结。当然，诗中所指阿谀逢迎之人，并非他的好友张籍。

后来，白居易和韩愈相处还算融洽，偶尔也会对酒闲谈。白居易在《久不见韩侍郎，戏题四韵寄之》中写道："近来韩阁老，疏我我心知。户大嫌甜酒，才高笑小诗。"戏言之中，颇见情意。可惜，相与时光不长，两年后韩愈就故去了。

同时存在于诗意大唐，无疑是幸事。

都是旷逸之人，不会拘于小节，不会纠结于嫌隙。

把酒临风，新知亦是故交。

卷六：诗酒江南

一世红尘，总有不可期的落花流水。

须知，不平坦的才叫岁月，不完满的才叫人生。

我们总要在漫长的路上学会宽容，既宽容岁月，也宽容自己。

是非都付梦，语默不妨禅

人生，如同棋局。

见招拆招，步步为营，输赢却没有定论。

人生的棋局，落子无悔，每一步都算数。走一步，便有一步的风景；过一程，便有一程的悲欢离合。人生这盘棋，原本没有胜负。再苦心孤诣，也不过是空手而来，空手而去。毕竟下棋的不是我们，而是一位叫作岁月的老者，他慈眉善目，不动声色。

身在纷扰不休的朝廷，白居易早已疲惫不堪。

他希望离开长安，去一个山明水净的地方，独享安宁。

不过，此时他还身在朝廷，依旧兢兢业业。

长庆元年（821）八月，唐穆宗派白居易去向田布宣旨。田布是田弘正的第三子。田弘正爱好儒学，精通兵法，起于魏博衙内兵马使。元和七年（812），田弘正担任魏博留后，率领六州之地归顺朝廷，被授检校工部尚书、御史大夫、魏博节度使，并被册封为沂国公，赐名"弘正"。

元和十年（815），朝廷派兵征讨吴元济，田弘正派田布率三千兵马相助朝廷，屡立战功。后来田弘正又奉诏带领五路大军征讨李师道，功成后被封为宰相，宪宗特地召见，誉其为"长城"。

元和十五年（820），王承宗病逝，唐宪宗便命田弘正为成德节度使检校司徒、中书令、镇州大都督府长史。田弘正因长期与成德军交战，与成德军士卒有旧怨，他便让两千魏博军随行护卫。后来，田弘正上书朝廷，要求将这两千兵马留在成德，并要求朝廷供给军饷，但是主管此事的户部侍郎不同意。田弘正四次上表朝廷，皆未获批复。

长庆元年（821）七月，田弘正命魏博士返回魏州。同月二十八日，王庭凑集结牙兵作乱，田弘正及家属、将吏三百余人一同遇害。唐穆宗获悉后，册赠田弘正为太尉，赐谥忠愍。随后，穆宗又封田布为复检校工部尚书，兼魏州大都督长史，充魏州节度使。

奉诏后，田布打算送白居易五百匹绢，以感谢他宣谕之恩。白居易当即婉拒。尽管如此，田布还是派人将五百匹绢送至白居易家，同时求中使从中疏通。不过，白居易最终还是没有接受，并且写了封《让绢状》，说明自己不受田布所赠的缘由。

显然，白居易不是故作姿态。

身在官场，他从来都是一身正气，两袖清风。

无论别人如何攀附阿谀，钩心斗角，他始终心似白云。

长庆二年（822），弟弟白行简被封为左拾遗，白居易格外欣喜。但是，不久后，好友元宗简离世，他悲伤了很久。

樱桃熟时，穆宗赏赐文武百官。官员品尝之后，纷纷写诗称颂，感谢皇恩。白居易与中书舍人沈传师和杨嗣复同食。吃着樱桃，他想起了故友元宗简。一年前，他们还相携樱桃树下，谈笑风生；一年后，天人永隔，忆起往事，心境黯然。他想起了不久前自己所写的那首《元家花》：

今日元家宅，樱桃发几枝。

稀稠与颜色，一似去年时。

失却东园主，春风可得知？

人生，就是由聚散离合组成的一场戏。

相逢，离别，欢喜，悲伤，一次次上演，一次次阴晴变换。

永远是这样，走着走着，同行的人越来越少，只剩自己，形单影只。终究，漫长的旅行能够永远陪伴我们的，只有那个深情的自己。晏殊在《木兰花》一词中写道："当时共我赏花人，点检如今无一半。"他的感伤，与此时的白居易一般无二。

歌里说，有些人走着走着就散了，有些梦做着做着就醒了。的确如此，没有不散的尘缘，没有不灭的灯火。

花开了会谢，月圆了会缺。人生也是如此。

不过，尽管想起故友，不禁悲从中来，白居易还是怕扰了沈传师和杨嗣复的兴致，于是写了首应景的感恩诗，题为《与沈、杨二舍人阁老同食敕赐樱桃、玩物，感恩因成十四韵》：

清晓趋丹禁，红樱降紫宸。驱禽养得熟，和叶摘来新。
圆转盘倾玉，鲜明笼透银。内园题两字，四掖赐三臣。
荧惑晶华赤，醍醐气味真。如珠未穿孔，似火不烧人。
杏俗难为对，桃顽讵可伦。肉嫌卢橘厚，皮笑荔枝皴。
琼液酸甜足，金丸大小匀。偷须防曼倩，惜莫掷安仁。
手擘才离核，匙抄半是津。甘为舌上露，暖作腹中春。
已惧长尸禄，仍惊数食珍。最惭恩未报，饱喂不才身。

同年，白居易给穆宗上书，对河北诸镇用兵之事提出了自己的见解。据《旧唐书·白居易传》载："时天子荒纵不法，执政非其人，制御乖方，河朔复乱。居易累上书论其事，天子不能用，乃求外任。"眼见河北各地动荡不宁，朝廷的一系列措施皆未能奏效，他身为朝廷重臣，虽是一介儒生，却也不能闭口不言。

此番上书，他指出朝廷赏罚不明、责任不清、用人不当等弊病，建议让裴度和李光颜统率兵马。另外，白居易还指出了军费供给和支出等方面的问题。可惜，这封奏书并未受到穆宗的重视。白居易有些沮丧，觉得身居高位却难有作为，实在愧对俸禄和朝廷，因此退去之心更盛。

按理说，此时的白居易应当心满意足：在繁华的长安，他有自己的住宅，又是官运亨通。有妻儿在侧，有诗酒为邻，有好友临风酬唱。

但是在《新昌新居书事四十韵，因寄元郎中、张博士》一诗中，他分明有厌倦和不安。他在诗中写道：

不觅他人爱，唯将自性便。等闲栽树木，随分占风烟。

逸致因心得，幽期遇境率。松声疑涧底，草色胜河边。

虚润冰销地，晴和日出天。苔行滑如簟，莎坐软于绵。

帘每当山卷，帷多带月褰。篱东花掩映，窗北竹婵娟。

迹慕青门隐，名惭紫禁仙。假归思晚沐，朝去恋春眠。

拙薄才无取，疏慵职不专。题墙书命笔，沽酒率分钱。

柏杵春灵药，铜瓶漱暖泉。炉香穿盖散，笼烛隔纱然。

陈室何曾扫，陶琴不要弦。屏除俗事尽，养活道情全。

尚有妻孥累，犹为组绶缠。终须抛爵禄，渐拟断腥膻。

大抵宗庄叟，私心事竺乾。浮荣水划字，真谛火生莲。

梵部经十二，玄书字五千。是非都付梦，语默不妨禅。

功名富贵，尽如云烟。

零落仕途，终不如寄身云水，把酒东篱，来得自在。而且，朝廷里暗流涌动，他只愿平静度日，不想卷入纷争。

元稹和裴度被罢相后，李逢吉成了朝中炙手可热的人物。为防止政敌李德裕再次受宠，李逢吉建议提拔与自己关系密切的牛僧孺，得到了穆宗允准。长庆二年（822），牛僧孺入朝为相。看着自己的得意门生登上相位，白居易很是欣慰，但他自己只想早日离开长安。事实上，他已决定将外调的愿望告诉穆宗。

这天，白居易独坐家中，翻看着从前的诗作。

他翻到了七年前所作的几首诗，想起了一件往事。事情的主人公是红粉佳人关盼盼。

据《白氏长庆集·燕子楼三首》序言所写，关盼盼出身书香门第，天生丽质，精通诗文音律，舞姿曼妙。家道中落后，沦落风尘，后来作了徐州守帅张愔的小妾。两人情投意合，甚是恩爱。那时候，初入仕途的白居易来到徐州，被仰慕他的张愔请到家中款待。席间，关盼盼轻舞飞扬，十分动人。白居易写诗称赞："醉娇胜不得，风袅牡丹花。"

不料，两年后，张愔病逝徐州，府中的姬妾很快各奔前程而去，只有关盼盼无法忘记夫妻的情谊，矢志为张愔守节。张府易主后，她独自移居到徐州城郊云龙山麓的燕子楼，过着与世隔绝的生活。白居易在得知张愔的死讯后，非常难过，有感于他的妻妾四散而去，只有关盼盼为之守节，写了首《感故张仆射诸妓》：

黄金不惜买蛾眉，拣得如花三四枝。

歌舞教成心力尽，一朝身去不相随。

元和十年（815），曾在张愔手下任职多年的司勋员外郎张仲素到白居易家中做客，递给白居易三首《燕子楼诗》。诗中写道："相思一夜情多少，地角天涯未是长。""自埋剑履歌尘绝，红袖香销已十年。"诗中描述了关盼盼在燕子楼中凄清孤苦、万念俱灰的心境，真切感人。白居易读后，回忆起在徐州受到张愔热情款待的情景，十分感慨，写下了三首诗和答张仲素：

满窗明月满帘霜，被冷灯残拂卧床。
燕子楼中霜月夜，秋来只为一人长。

钿晕罗衫色似烟，几回欲著即潸然。
自从不舞《霓裳曲》，叠在空箱一十年。

今春有客洛阳回，曾到尚书墓上来。
见说白杨堪作柱，争教红粉不成灰？

张仲素走时，除了这三首诗，白居易还给了他那首《感故张仆射诸妓》。没想到，这些诗很快就在徐州传开了。听到"歌舞教成心力尽，一朝身去不相随"这两句，关盼盼异常悲愤。她认为自己守节十年，却得到白居易这样的"评价"。

七日之后，关盼盼绝食而死。传说死前写下了两句诗："儿童不识冲天物，漫把青泥汗雪毫。"意思是，白居易徒具诗名，却是小儿一般的见识。文人们喜欢杜撰，普通百姓也喜欢这些杜撰后的故事。其实，关盼盼为张愔守节，白居易对她的性情很是钦佩。翻看其诗，对她很有几分敬意。

不知为何，突然之间，白居易想起了那个叫湘灵的女子。

一番心事，独自黯然。

往事沉默不语。

明月本无心

人们说，愿你出走半生，归来仍是少年。

人们还说，愿你阅遍山河，仍觉人间值得。

每个人都在苍茫的世间行走，一生浮沉，一生浪迹。

不同的是，有的人走着走着，与从前的自己渐行渐远，继而不知归路；而有的人走了很远，依旧是少年人的模样，几分纯真，几分热烈，几分飞扬恣肆。前者多数感叹人生无味，后者总是觉得人生意趣不尽。

其实，无论对谁，生活都是同样的面目，有悲有喜，有晴有阴。好的人生态度，应该是既能享受岁月静好，也愿意承受风雨凄凄。要知道，世事无常，浮沉起落，就是生活的常态。滚滚红尘，世事变迁，但我们可以恬淡而生，驿外修篱，深山种菊；不想前尘，不念过往，将每个简单的日子过得素净而不失意趣，便是不负时光。

白居易历经宦海浮沉、岁月颠簸，仍是吟风赏月的诗人。

从前，他也曾渴望晋升；后来，几番起落后，他渐渐变得淡然。于是，有了风轻云淡，有了宠辱不惊。

长庆二年（822）七月，白居易罢中书舍人出任杭州刺史。据《旧唐书·穆宗本纪》载："壬寅，出中书舍人白居易为杭州刺史。"

因为是主动要求外调，所以离开的时候，白居易不似七年前被贬江州时那般惆怅，而且此次前去的是杭州，那里有他魂牵梦萦的江南云水。与乌烟瘴气的朝廷相比，江南是一场温软的梦。

不过，好友们把酒相送，还是让他感伤不已。在长安城，他不留恋繁华，不留恋万家灯火，只留恋山水草木和那些志趣相投的朋友。可以说，对他来说，有知交有诗酒的长安，才是真正的长安。至于浮名虚利，他早已视若浮云。

可长安月冷，毕竟有许多往事。

离开长安城，他还是忍不住频频回首。

现在，白居易带着家眷走在通往杭州的路上。他走得坦然，家人也兴高采烈。因为心境舒畅，所以时常停下来流连风景，也会乘兴饮酒写诗。可以说，他是一路写着诗、看着风景去杭州的。因为此次并非贬谪，而且原本身居中书舍人高位，所以他所到之处地方官员总会设宴款待，白居易也基本不推辞。因此，从长安到杭州，他走了数月。

此行停留的第一站，也是他被贬江州时所宿的清源寺。

两次住在这里，心情大相径庭。白居易写了首《宿清源寺》：

> 往谪浔阳去，夜憩铜溪曲。今为钱塘行，重经兹寺宿。
> 尔来几何岁？溪草二八绿。不见旧房僧，苍然新树木。
> 虚空走日月，世界迁陵谷。我生寄其间，孰能逃倚伏？
> 随缘又南去，好住东廊竹。

路上，见草木枯黄，白居易也是感慨不已。

忆起平生聚散，又深思生老病死之事，他写了首《重感》：

> 停骖歇路隅，重感一长吁。扰扰生还死，纷纷荣又枯。
> 因支青竹杖，闲捋白髭须。莫叹身衰老，交游半已无。

一场场的离散后，我们终要独面夕阳西下。曾以为，知交零落，各自天涯，已是人生憾事。后来才发现，人生除了生离还有死别。许多人，一别便再无音讯。

没办法，人生就是一场花开花落。

春暖时花开陌上，不知不觉，已是开到荼蘼花事了。

东风无力百花残，那是我们不可避免的离别。

经过商山，白居易登临绝顶。商山因四皓而闻名于世。四皓分别为东园公唐秉、角里先生周术、绮里季吴实和夏黄公崔广。他们生于秦末汉初，皆为当时学界耆宿。因为生性淡泊，他们不愿为官，隐于商山，过着与世无争的生活，被称为"商山四皓"。刘邦曾请"四皓"出山，助自己治理天下，却被婉言拒绝了。

后来，商山和"四皓"就成了中国隐逸文化的象征。商山被称为"中国第一隐山"，历代文人时常慕名来此。中国古代文人，大都有隐逸情怀，尤其是厌倦了仕途颠簸之后，总希望寻一清静之处，诗酒度日。不过，真正能做到隐居山野、不问世事的，没有几个人。

立在商山顶峰，遥想"商山四皓"，白居易感慨丛生。

功名利禄，富贵荣华，如过眼云烟，只能羁绊心性。

白居易写了首《登商山最高顶》，几分觉悟，几分自嘲：

高高此山顶，四望唯烟云。下有一条路，通达楚与秦。

或名诱其心，或利牵其身。乘者及负者，来去何云云。

我亦斯人徒，未能出嚣尘。七年三往复，何得笑他人。

元和十年（815）赴江州司马任，元和十五年（820）自忠州刺史返回长安，加上此次赴杭州任刺史，七年三次经过商山，虽际遇和心境皆不相同，却逃不开"名利"二字。

想起"商山四皓"隐于山野、安贫乐道的情怀，恐怕任何汲汲于功名富贵的人都会惭愧。白居易虽然看淡名利，毕竟还是没有彻底放下。他忍受得了清贫，但是心系天下的他，终不似"四皓"那样潇洒。

　　道路迢迢，他有足够的时间去回顾人生，思索进退得失。他写了首《马上作》，回忆官场岁月，感觉像是身在尘网。勋爵虽高，却少有作为，他始终心有不安。

处世非不遇，荣身颇有余。勋为上柱国，爵乃朝大夫。
自问有何才，两入承明庐。又问有何政，再驾朱轮车。
劲予东山人，自惟朴且疏。弹琴复有酒，且慕嵇阮徒。
暗被乡里荐，误上贤能书。一列朝士籍，遂为世网拘。
高有矰缴忧，下有陷阱虞。每觉宇宙窄，未尝心体舒。
蹉跎二十年，颔下生白须。何言左迁去，尚获专城居。
杭州五千里，往若投渊鱼。虽未脱簪组，且来泛江湖。
吴中多诗人，亦不少酒酤。高声咏篇什，大笑飞杯盂。
五十未全老，尚可且欢娱。用兹送日月，君以为何如？
秋风起江上，白日落路隅。回首语五马，去矣勿踟蹰。

　　不管怎样，离开乌烟瘴气的朝廷，他心里是欢喜的。
　　五千里长路，一路快意游赏，就像羁鸟入旧林，池鱼归故渊。
　　江南，有的是诗意，有的是月白风清。
　　他有足够的闲暇，琴书诗酒自娱。他在《暮江吟》中写道：

一道残阳铺水中，半江瑟瑟半江红。
可怜九月初三夜，露似真珠月似弓。

南方物景，终于呈现在他眼前。

残阳饮水，新月如钩，这是个轻快的九月之初。

经过江州，白居易受到刺史李渤的热情款待。两人一见如故，把酒言欢，极是畅快。其后，白居易又约了江州故友，重登庾楼饮酒叙旧。酒浓之时，他写了首《重到江州感旧游，题郡楼十一韵》：

掌纶知是忝，剖竹信为荣。才薄官仍重，恩深责尚轻。
昔征从典午，今出自承明。凤诏休挥翰，渔歌欲濯缨。
还乘小艛艓，却到古湓城。醉客临江待，禅僧出郭迎。
青山满眼在，白发半头生。又校三年老，何曾一事成。
重过萧寺宿，再上庾楼行。云水新秋思，闾阎旧日情。
郡民犹认得，司马咏诗声。

酒宴之后，白居易特意到庐山草堂宿了一晚，他写下了《重题》。

泉石尚依依，林疏僧亦稀。何年辞水阁，今夜宿云扉。
谩献长杨赋，虚抛薜荔衣。不能成一事，赢得白头归。

山光水色，飞鸟落花，仍如从前，悠然地迎接它们的知己。

人生如梦，倏忽之间已是华发满头。

奔忙俗世，落得满心萧瑟。蓦然回首，万事皆空。

与其执着于功名利禄，不如寄身于烟村巷陌，小径柴扉。听风听琴听雨，看花看月看山。

西湖畔，非忙亦非闲

人生的意义，在于承受和享受。

承受了风雨凄凄，才能享受云淡风轻。

无力承受寂寥悲苦，便无缘得见生命之大风景。

所谓大风景，不是富可敌国，不是名垂青史，而是历经生活磨折、岁月洗礼后，默然间领悟，浮生若梦，聚散无常，应当活得自在从容，来得寂静，去得坦然。生命的厚度，原本不在于拥有多少，而在于领悟多少。

白居易活得清楚，亦能旷达地面对生活。

所以，仕途坎坷，人生起落，都不曾让他迷惘。

如今，他远离了京城。他的前方，是烟水迷离的江南。

从长安到杭州几千里的路，白居易不停赏景写诗，可谓优哉游哉。不过，离开江州后不久，由于旅途劳顿多时，他曾患病。幸好有杨氏在身边精心照顾，他才得以迅速康复。他作于此时的《九江北岸遇风雨》，颇有厌倦羁旅之意：

黄梅县边黄梅雨，白头浪里白头翁。

九江阔处不见岸，五月尽时多恶风。

人间稳路应无限，何事抛身在此中。

人生，有无数条路可以选择。他所走的那条路，羁束重重，风波不断。仕途如海，人如扁舟，他十分厌倦。身在路上太久，又有风雨侵袭，他不禁又起了思乡之情，于是，他写了首《夜泊旅望》：

少睡多愁客，中宵起望乡。沙明连浦月，帆白满船霜。

近海江弥阔，迎秋夜更长。烟波三十宿，犹未到钱唐。

此去杭州，除了希望远离尘嚣纷扰，白居易也想切实地造福于民，以了夙愿。偶尔，他又会想，与其俗事缠身，不如安心于山水，冷吟闲醉。他在《舟中晚起》中写道：

日高犹掩水窗眠，枕簟清凉八月天。

泊处或依沽酒店，宿时多伴钓鱼船。

退身江海应无用，忧国朝廷自有贤。

且向钱唐湖上去，冷吟闲醉二三年。

反正朝廷之事，自有贤才忧虑。

我已苍苍白首，只应退身江海，吟诗把酒。

诗里有些许自嘲，些许不甘，些许矛盾。

他说："身外名何有，人间事且休。澹然方寸内，唯拟学虚舟。"是非恩怨，名利前程，不过黄粱一梦。不如忘却身外浮名、人间俗事，淡然地过好每个日子，不负诗酒。

杭州风月，终于等来了它们的知音。"白居易"三字，将与杭州这座城市牵系在一起，千古不变。由于行路缓慢，直到长庆二年（822）十月，白居易与家人才抵达杭州。

秋已深，草木凋零，时光清冷。

但杭州城里，过往的行人，走得不慌不忙。

他们带着各自的故事，走在云水之畔，自得清闲。

西湖如梦。水波里，千秋万代，摇曳不止，却又寂静无声。

他来了，半头华发，但不失诗情和风雅。他是才情满腹、温雅从容的白居易。虽非初至杭州，但与那山水相看，仍有乍见之欢。他喜欢这里，一山一水，一草一木，都很入心。

白居易深知，穆宗让他出任杭州刺史，一来是知他性情耿介，所以让他来这个山水相依的地方任职；二来是考虑到杭州是个大州，是国家粮仓，必须派得力之人前去管理。到杭州后不久，白居易写了封《杭州刺史谢上表》，表达了对穆宗的感激。

与身在朝堂相比，做地方官要自由许多。作为刺史，他可以完全按照自己的想法，凭借自己的学识和阅历来治理杭州。有过忠州刺史经历，此番治理杭州，可谓得心应手。很快，白居易便投入了工作，并且针对杭州的现状，制订了计划。经过半年的努力，州府事务逐渐步入了正轨，一切都变得井然有序。

即使再忙碌，白居易也会偷得闲暇，行坐于云水之间。

杭州是一座如诗如画的城市，所以，诗人们愿意流连于此。

春有柳浪莺啼，夏有莲叶田田，秋有天蓝水碧，冬有疏影暗香。诗人为之加了韵脚，于是杭州的四季皆是风姿绰约。

有道是"上有天堂，下有苏杭"，自古繁华的杭州向来是文人墨客争相游赏和吟咏的地方。写不完的诗，赏不尽的江南，丹青在手不成篇。柳永的《望海潮》一词，可以说把杭州写到了极致。据说金主完颜亮闻之，对有着"三秋桂子，十里荷花"的杭州无限神往，遂起了投鞭渡江灭宋之心。

东南形胜，三吴都会，钱塘自古繁华。烟柳画桥，风帘翠幕，参差十万人家。云树绕堤沙，怒涛卷霜雪，天堑无涯。市列珠玑，户盈罗绮，竞豪奢。

重湖叠𪩘清嘉，有三秋桂子，十里荷花。羌管弄晴，菱歌泛夜，嬉嬉钓叟莲娃。千骑拥高牙，乘醉听箫鼓，吟赏烟霞。异日图将好景，归去凤池夸。

杭州之美，首先是繁华，烟柳画桥，风帘翠幕，参差十万人家；其次是风景如画，山水江湖，烟雨楼台，美不胜收；最后是安居乐业，岁月安详，黎民无恙。

白居易喜欢漫步于西子湖畔，看水中倒映着的天光云影；也喜欢伫立于楼台之上，看行人络绎不绝，市井繁华不休。自然，他更喜欢安坐于水边，一壶酒，一帘月，一湖水，浅斟低吟。此时的白居易，既忙碌，又清闲。虽然时常劳形于案牍，但也会忙里偷闲，把自己交给诗酒风月。他写了首《郡亭》：

> 平旦起视事，亭午卧掩关。除亲簿领外，多在琴书前。
> 况有虚白亭，坐见海门山。潮来一凭槛，宾至一开筵。
> 终朝对云水，有时听管弦。持此聊过日，非忙亦非闲。
> 山林太寂寞，朝阙空喧烦。唯兹郡阁内，嚣静得中间。

朝堂太喧嚷，山林太寂寞。

唯有此间，既无喧嚣之扰，亦无寂寞之忧。

可以弹琴读书，可以把酒写诗，可以看云看水。

既不会忙得疲惫，又不会闲得无聊，日子过得疏朗惬意。

与身在朝廷相比，在杭州的日子要快意许多。白居易在《咏怀》中写道：

> 昔为凤阁郎，今为二千石。自觉不如今，人言不如昔。
> 昔虽居近密，终日多忧惕。有诗不敢吟，有酒不敢吃。
> 今虽在疏远，竟岁无牵役。饱食坐终朝，长歌醉通夕。
> 人生百年内，疾速如过隙。先务身安闲，次要心欢适。
> 事有得而失，物有损而益。所以见道人，观心不观迹。

人生，可说漫长，却也是刹那而已。

所以，不该为名利所绊。既要身闲，亦要心安。

曾经白居易身在朝野，名动公卿。如今，他寄身杭州，别人认为今不如昔，他却是乐不思蜀。毕竟朝堂之上，纷扰不休，倾轧不止，如履薄冰仍随时都有倾覆之虞。而现在，可以流连于山水，可以纵情于诗酒，醉卧花间，徘徊风月，自是无比快意。显然，他更喜欢现在的生活。

白居易时常临山近水，偶尔寻幽探古。

他也曾到苏小小的墓前，遥思三百年前那个温婉的女子。

苏小小虽然流落风尘，但人似梅花，活得寂静清白。历代许多文人墨客曾来到西泠桥畔祭拜她，也曾为她赋诗。李贺诗云："天上分金镜，人间望玉钩。钱塘苏小小，更值一年秋。"白居易的《杨柳枝词八首》中有两首写到苏小小：

苏州杨柳任君夸，更有钱唐胜馆娃。
若解多情寻小小，绿杨深处是苏家。

苏家小女旧知名，杨柳风前别有情。
剥条盘作银环样，卷叶吹为玉笛声。

苏小小于绿杨深处，遗世独立。然后，香消玉殒，绝尘而去。

想着那红颜的孤独和凄凉，白居易怕也会心伤。后来，他又在《杭州春望》中写道：

望海楼明照曙霞，护江堤白蹋晴沙。

涛声夜入伍员庙，柳色春藏苏小家。

湖山此地曾埋玉，花月其人可铸金。

终究，斯人已去。故事已深埋于岁月深处。

人们走过西泠湖畔，祭奠的是那红颜，亦是自己的心。

江山风月本无常主

湖山此地，风月斯人。

几千年了，杭州永远都是风花雪月的模样。

来的来，去的去，是慵懒的行人；聚的聚，散的散，是自在的云彩。春花秋月，夏风冬雪，在杭州城里悠然如画。总有人，经过这里，浅吟低唱，落笔间轻描淡写，便是万种风情。

岁月悠悠，沧海桑田。西湖的水依然淡定从容。在这悠然静默的湖水里，我们分明能感受到温柔的力量，那是一种以几千年温润文化做支撑的力量。

此时，杭州是白居易的杭州，西湖是白居易的西湖。他的笔下，描摹着西湖云水；他的酒杯里，摇荡着万古风流。西湖畔，三两知己，把盏倾谈，说不尽的快意。《夜归》即是他这一时期的真实写照。

> 半醉闲行湖岸东，马鞭敲镫辔珑璁。
>
> 万株松树青山上，十里沙堤明月中。
>
> 楼角渐移当路影，潮头欲过满江风。
>
> 归来未放笙歌散，画戟门开蜡烛红。

他喜欢饮酒，喜欢带着几分醉意观摩世界。如此，方能在变幻莫测的浮生中，整饬出一片幽雅院落。

世事如谜。无论是谁，行走于尘世，都少不得几分醉眼迷离。半醉半醒，清醒面对自己，沉醉面对世事，如此才能活得简单清淡。

那个冬天，大概是因为多日公务劳累，加上夜宴晚归时染了风寒，白居易再次病倒。即便如此，病情好转后，他又忍不住受朋友之邀纵情诗酒了。一场大雪后，白居易与朋友们相聚花楼，以赏雪作诗为乐。几杯酒后，诗意渐浓，白居易当众吟了首《花楼望雪命宴赋诗》：

> 连天际海白皑皑，好上高楼望一回。
>
> 何处更能分道路，此时兼不认池台。
>
> 万重云树山头翠，百尺花楼江畔开。
>
> 素壁联题分韵句，红炉巡饮暖寒杯。
>
> 冰铺湖水银为面，风卷汀沙玉作堆。
>
> 绊惹舞人春艳曳，勾留醉客夜徘徊。

> 输将虚白堂前鹤，失却樟亭驿后梅。
>
> 别有故情偏忆得，曾经穷苦照书来。

八百多年后，有个叫张岱的文人住在西湖边。一天，下着雪，湖中阒无人迹。夜深以后，张岱突然兴致上来，便乘小舟独往湖心亭看雪。湖心亭里，两个人正在饮酒赏雪，见张岱到来，虽不相识，却邀他对酌。直到临别，他们才互道姓名。舟子喃喃说："莫说相公痴，更有痴似相公者！"

风雅之人，行风雅之事。

可惜，他们隔着八百多年，不能雪夜共饮。

长庆三年（823）春，莺飞草长，染柳烟浓。

身体痊愈的白居易，很快就耐不住性子，去流连春景了。杭州城的春天，行处皆是佳景。白居易喜欢与好友同游，也喜欢独往春水连天之处，与云水深情相对。这天，他骑马来到西湖，由孤山寺的北面绕到贾公亭西，一路赏景，一路欢喜。回去后，写了首《钱塘湖春行》：

> 孤山寺北贾亭西，水面初平云脚低。
>
> 几处早莺争暖树，谁家新燕啄春泥。
>
> 乱花渐欲迷人眼，浅草才能没马蹄。
>
> 最爱湖东行不足，绿杨阴里白沙堤。

日子，恬淡如诗。

赏景寄情，饮酒赋诗，这是白居易最喜欢的生活。

八九岁的萝儿，时常绕膝嬉笑，带给白居易无限的欢愉。家里大小诸事有妻子杨氏操持，白居易不必劳神。因此，此时的白居易，日子过得很是舒心惬意。除了闲居家里读书写诗，白居易也时常前往灵隐寺或孤山寺小住，与寺内僧人长谈，沉醉于佛理。

当然，无论如何，白居易从不懈怠政事。杭州大小事宜，关乎民情民生，他都亲自处理。长庆三年（823），杭州大旱，百姓生计成了难题。白居易亲自前往考察，以解决百姓的燃眉之急。不久后，白居易下令放西湖水，让百姓浇灌田地。百姓欢欣鼓舞。

白居易知道，西湖既是名胜，也是蓄水灌田的枢纽。经过考察，白居易发现，西湖水浅，蓄水量不足，因此到了干旱的夏秋，不能满足灌溉之需。鉴于这种情况，白居易决定在西湖东北岸一带筑一条长堤，从根本上解决西湖的蓄水问题。很快，筹措资金、调拨民工等一系列准备工作已办妥，筑堤工程便开始了，由白居易亲自监督。

这条大堤，就是著名的"白堤"。这条大堤东起"断桥残雪"，西到"平湖秋月"，长约二里，堤上种了杨柳和桃树。春暖之日，桃红柳绿，游人如在画里。这条大堤在白居易离任前两个月才竣工，白居易亲自写了《钱塘湖石记》一文，刻成石碑，立于湖岸。

除了修筑堤坝，白居易在杭州的另一重要政绩就是疏浚六井。杭州濒临钱塘江，钱塘江水又咸又苦，这导致杭州的地下水都是咸苦的。百姓要到西湖或是周围的山涧取水作为饮用水，费时费力。

从前，李泌任杭州刺史时，为了解决百姓的饮水问题，曾修建六井，引西湖水。多年以后，六井已淤塞，严重影响了百姓的用水问题。长庆三年（823）秋，白居易开始着手疏通六井，直到次年春才结束。

忙完了公事，白居易既轻松又满足。

然后，他又有了闲情，流连山水，酬酢风月。

白居易不知道，两百多年后，一个叫苏轼的文人，带着和他相似的心情来到杭州。也是大旱之年，苏轼修筑长堤，便是后来的苏堤；也是百姓饮水不易，苏轼带人疏浚六井；也是在公事之余，吟诗把酒，快意风流。日子过得惬意，又无愧黎民，所以苏轼常以白居易自比。他在《六月二十七日望湖楼醉书五首·其五》中写道：

> 未成小隐聊中隐，可得长闲胜暂闲。
> 我本无家更安往，故乡无此好湖山。

长庆三年（823）八月，元稹由同州刺史改授越州刺史兼御史大夫、浙东观察使。据《嘉泰会稽志》载："长庆三年八月，元稹为浙东观察使。"十月，元稹路过杭州，与白居易相聚数日，流连秋水，吟诵风月。白居易写有《席上答微之》：

> 我住浙江西，君去浙江东。
> 勿言一水隔，便与千里同。
> 富贵无人劝君酒，今宵为我尽杯中。

后来，元稹命所属七州筑陂塘，兴修水利，发展农业。在浙东的六年，元稹颇有政绩，深得百姓拥戴。其实，他们都有相同的心怀，怜惜着天下苍生。两人时常音书往来，白居易写有《醉封诗筒寄微之》：

一生休戚与穷通，处处相随事事同。

未死又怜沧海郡，无儿俱作白头翁。

展眉只仰三杯后，代面唯凭五字中。

为向两州邮吏道，莫辞来去递诗筒。

日子仍旧不紧不慢地过着。

杭州城里，日升月落，春去秋来，时光如水。

后来，白居易离开了，留下一池清水、一道长堤和六井清泉。再后来，许多文人来到杭州，带着悠然和诗酒情意。

林和靖来了，遗世独立，二十年不入城市。他结庐孤山，植梅放鹤，饮酒赋诗，怡然自得。他常驾小舟遍游于西湖诸寺庙，与高僧诗友相与。每逢客至，门童子便纵鹤放飞，林和靖见鹤必棹舟归来。他作诗随就随弃，从不留存。那是林和靖的风流。

苏轼来了，饮酒写诗："水光潋滟晴方好，山色空蒙雨亦奇。欲把西湖比西子，淡妆浓抹总相宜。"杨万里来了，饮酒写诗："毕竟西湖六月中，风光不与四时同。接天莲叶无穷碧，映日荷花别样红。"张岱来了，饮酒写诗："追想西湖始，何缘得此名。恍逢西子面，大服古人评。冶艳山川合，风姿烟雨生。奈何呼不已，一往有深情。"

许多文人来到这里，都不负诗酒。

终究，有诗酒的杭州，才是丰盛的杭州。

有诗酒的西湖，才是翩然的西湖。

当然，也有不饮酒的。许多年以后，李叔同来到杭州，站在西湖边上，看云来云去，只觉浮生如梦。然后，离开西湖，去了禅寺，落了发入了空门，成了弘一法师。

林语堂这样评价李叔同："他的浪漫才情使他即便出世，也选择在了杭州这个风花雪月、侠骨柔情的地方，使那些看惯'湖山此地，风月斯人'的杭州人生平添了一分新的骄傲。"也许，李叔同并未这样想。既入空门，便无执念。哪里都是风月，哪里都有禅心。

现在，白居易还在他的杭州，悠然度日。

苏轼说，江山风月本无常主，闲者便是主人。

滚滚红尘，江山万里，风景行处皆有。

可惜人们行色匆匆，总是错过。

未能抛得杭州去

好的人生应该是，从容淡静，不徐不疾。

纵然寄身野村茅舍，也能安然度日，与清风流水两不相负。

应该说，杭州的生活是白居易非常喜欢的。身为刺史，虽然经常为黎民百姓的事情而忙碌，但在闲暇之余，他亦亲近云水，纵情诗酒。杭州城里，长街小巷，古寺深山，常有他悠然来去的身影。

白居易在杭州还曾养侍妾。

白居易有两个侍妾，分别叫樊素和小蛮。两人皆是花容月貌，精通琴棋书画。大概是某次饮宴时遇见，甚是心仪，白居易便将他们收为侍妾。樊素善歌，小蛮善舞，白居易为她们写过两句诗："樱桃樊素口，杨柳小蛮腰。"后来，人们便以樊素、小蛮泛指年轻女子面容妩媚，身姿窈窕。如黄庭坚的《豫章集》："只欠小蛮樊素在，我知造物爱公深。"贾仲明的《金安寿》："你则看他江梅风韵海棠标，樱桃樊素口，杨柳小蛮腰。你可也徒劳，怎把兰蕙性浪比蓬蒿！"

十多年后，白居易患病，卧床数月，病愈之后，他认真思索人生，反省了自己的生活，然后写好了墓志铭，遣散了侍妾，开始专心于佛教和老庄之学。侍妾不舍，但最终还是被白居易送走了。白居易在《病中诗十五首·别柳枝》中写道：

两枝杨柳小楼中，袅袅多年伴醉翁，

明日放归归去后，世间应不要春风。

又在《春尽日宴罢，感事独吟》中感叹：

五年三月今朝尽，客散筵空独掩扉。

病共乐天相伴住，春随樊子一时归。

白居易只想留着一颗安澜之心，寂静度过余生。

此时，五十三岁的白居易还在杭州。烟水朦胧的江南，让他乐不思蜀。可惜，快意的日子突然间结束了。长庆四年（824）五月，白居易接到诏令，被授太子左庶子，分司东都。据《旧唐书·白居易传》载："秩满，除太子左庶子，分司东都。"

白居易不得不离开杭州，前往洛阳。离开时，杭州百姓扶老携幼，夹道相送。白居易也甚是不舍，写了首诗留别，题为《别州民》：

耆老遮归路，壶浆满别筵。甘棠无一树，那得泪潸然？

税重多贫户，农饥足旱田。唯留一湖水，与汝救凶年。

临别无多语，只有诗留下，被人们念了又念。

他再次来到西湖边上，与那一池清水依依惜别，写下了《西湖留别》。

西子湖，水光潋滟，应记得诗人的难别之心。

征途行色惨风烟，祖帐离声咽管弦。

翠黛不须留五马，皇恩只许住三年。

绿藤阴下铺歌席，红藕花中泊妓船。

处处回头尽堪恋，就中难别是湖边。

长庆四年（824），朝廷再次发生变故。

穆宗于正月驾崩，皇太子李湛继位，即唐敬宗。

继位时，敬宗才十六岁。在位期间，他耽于玩乐，不思理政，任由宦官王守澄勾结宰臣李逢吉排除异己，败坏纲纪。

敬宗近乎疯狂的游乐，在宫中引发了一系列突发事件。先是发生了数百染工杀入右银台门的严重事件，后来又发生了妖贼马文忠与品官季文德等千余人图谋不轨的事件。

而此时，白居易只能奉诏离开杭州。实际上，即使是对那个稚嫩贪玩的少年，白居易也曾抱有幻想，希望他励精图治，复兴大唐。自然，他的希望再次落空了。大唐王朝，已是气息奄奄。

白居易已经在路上了。

他要去的地方是洛阳。西湖云水，离他越来越远。他在《春题湖上》中写道：

湖上春来似画图，乱峰围绕水平铺。

松排山面千重翠，月点波心一颗珠。

碧毯线头抽早稻，青罗裙带展新蒲。

未能抛得杭州去，一半勾留是此湖。

舍不得，终究还是离开了。

故事里，起承转合，浮沉悲喜，早已写就。

我们只是故事里的人，相聚离别，终于明白人生如戏。张爱玲说，生命有它的图案，我们唯有临摹。

果真如此。

他是过客，亦是归人

伍尔芙说："生命不是安排，而是追求。"

人生的意义也许永无答案，但也要尽情感受这种没有答案的人生。红尘路远，我们只是路过。人生，是一场既漫长又短暂，既喧嚣又寂静的旅行。既是旅行，便要有一份流连风景的心情。就像人们说的，不必在乎目的地，在乎的是沿途的风景，以及看风景的心情。不停行走，不停寻寻觅觅，不为彼岸花开，只为走过的路，有足迹，有况味。

白居易的人生，开始是负重前进，后来则是悠然前行。

年过半百，他活得云淡风轻。

生命越来越丰盛，行李越来越微薄。

他取道水路前往洛阳。路上，忆起杭州，仍有不舍。他在《杭州回舫》中写道：

自别钱塘山水后，不多饮酒懒吟诗。

欲将此意凭回棹，报与西湖风月知。

某天夜里，他做了个梦。少年的他苦读诗书，豆蔻年华的女子来到窗前，轻声唤他。他让她进屋，教她读书识字。然后，他携了她的手，走出房门，走在熟悉的小径上。走着走着，女子消失不见，只剩他形单影只，鬓发斑白。

梦里，他是她的居易哥哥，她是他的湘灵妹妹。

那个叫符离的地方，收藏着他的年华和故事，一想就是感伤。白居易写了首《梦旧》，怀念那场青春的往事。

别来老大苦修道，炼得离心成死灰。
平生忆念消磨尽，昨夜因何入梦来？

许多故事，一旦走出，便再也回不去。

回忆如门，默然推开，见杂草丛生，任谁都会荒凉。

秋天，白居易来到了洛阳。他在履道里买了一座宅院，是散骑常侍杨凭的旧居。宅院里面，竹林花苑、亭台水榭，应有尽有，极具山石林泉之韵致。而且，他家的南面便是崔群家。与老友比邻而居，白居易十分高兴。不过，此时的崔群并不在洛阳。不久后，白居易写了首《题新居，寄宣州崔相公》：

门庭有水巷无尘，好称闲官作主人。
冷似雀罗虽少客，宽于蜗舍足容身。
疏通竹径将迎月，扫掠莎台欲待春。
济世料君归未得，南园北曲谩为邻。

白居易对自己的新居进行了修缮。不久前才出任河南尹的王起，是白居易的好友，因此在白居易修葺宅院时，他多有资助。此后，白居易在洛阳，王起也是多方关照。

洛阳的日子，平淡中不失意趣。可以泛舟池上，可以抚琴月下，可以举酒花前。自然地，这样的画面里，白居易希望有两三知己。

他想念远方的好友，比如元稹，比如钱徽，比如刘禹锡。王起公务繁忙，但得闲便会前来，与白居易对酌倾谈。白居易也总会写诗，赠好友，寄心怀，如《河南王尹初到，以诗代书先问之》：

别来王阁老，三岁似须臾。鬓上斑多少，杯前兴有无？
官从分紧慢，情莫问荣枯。许入朱门否，篮舆一病夫。

新居修葺好后，他又写了一首《题新居呈王尹兼府中三掾》。

弊宅须重葺，贫家乏美财。桥凭川守造，树倩府寮栽。
朱板新犹湿，红英暖渐开。仍期更携酒，倚槛看花来。

长庆四年（824）十二月，白居易将所作诗文编纂成集，定名为《白氏长庆集》，元稹作序。据《白氏长庆集序》所写："长庆四年，乐天自杭州刺史以左庶子诏还，予时刺郡会稽，因得尽征其文，手自排缵，成五十卷，凡二千二百五十一首。前辈多以'前集''中集'为名，予以为国家改元长庆，讫于是，因号曰《白氏长庆集》……长庆四年冬十二月十日，微之序。"

敬宗继位一年后，改元宝历。

白居易清静的日子，又画上了句号。

宝历元年（825）三月初，白居易除苏州刺史。据《旧唐书·白居易传》载："宝历中，复出为苏州刺史。"三月底，作别洛阳的朋友们，白居易起程赴苏州。吴侬软语的苏州，仍是云水相照之地。白居易欣然前往。

流水无声，裹挟着千古悲欢，流到了白居易的船头。他下了船，伫望云水。恰似故人，相见甚欢。

月光，照着姑苏台，也照着他清瘦的身影。

五月，白居易来到了苏州。上任后，他立即写了封《苏州刺史谢上表》，表示对敬宗的感激，然后便投入了工作。经过考察，他制定了不少方针政策。比如，将赋税落实到每个人身上，无论是王侯贵胄还是贩夫走卒皆一视同仁；比如，简化当地的科举制度。

在苏州刺史任内，为了便利交通，白居易修建了一条西起虎丘，东至阊门，长七里的道路，叫"七里山塘"，简称"山塘街"。为了车马通行，白居易还命人在这段路上建了很多桥梁。建桥的时候，白居易的妻子杨氏常来送饭。后来，为了纪念白居易的辛劳和杨氏的贤惠，人们将其中两座桥命名为白公桥和白母桥。

白居易始终兢兢业业，生怕有负黎民厚望。道路和桥梁建成后，他还发动民工，在河塘中种荷，在堤岸种植杨柳桃李。然后，他写了首《武丘寺路》，在题记中，他写道："去年重开寺路，桃、李、莲、荷，约种数千株。"

自开山寺路，水陆往来频。银勒牵骄马，花船载丽人。

芰荷生欲遍，桃李种仍新。好住湖堤上，长留一道春。

千百年后，七里山塘成了苏州最繁华的场所，牌楼会馆林立，画舫游船往来不绝。曹雪芹曾赞叹：最是红尘中一二等富贵风流之地。著名画家徐扬曾创作《姑苏繁华图卷》，画了苏州的一村、一镇、一城、一街，这一街便是白居易主持修建的七里山塘街。

多年后，白居易故去。

苏州人为了怀念他，在虎丘建造了白居易祠，祠有对联：

唐代论诗人，李杜以还，唯有几篇新乐府；

苏州怀刺史，湖山之边，尚有三庙旧祠堂。

再奔忙，白居易也不会冷落山水。

只要得空，他就会离开府衙，去到山间水湄。永远是那样，几分醉意，来去飘然。

来到阊门，白居易写《登阊门闲望》以记：

阊门四望郁苍苍，始觉州雄土俗强。

十万夫家供课税，五千子弟守封疆。

阖闾城碧铺秋草，乌鹊桥红带夕阳。

处处楼前飘管吹，家家门外泊舟航。

云埋虎寺山藏色，月耀娃宫水放光。

曾赏钱唐嫌茂苑，今来未敢苦夸张。

白居易去得最多的是虎丘山。

虎丘山上有座真娘墓。唐代范摅《云溪友议》载："真娘者，吴国之佳人也，时人比于钱塘苏小小，死葬吴宫之侧，行客慕其华丽，竞为诗题于墓树。"

在一年多的任期内，白居易曾十二次游历虎丘，并重开虎丘寺路，种植桃李莲荷二千余株。在凭吊真娘墓时，既感慨真娘的遭遇，又佩服真娘的刚烈，便为她题诗《真娘墓》：

真娘墓，虎丘道。

不识真娘镜中面，唯见真娘墓头草。

霜摧桃李风折莲，真娘死时犹少年。

脂肤荑手不牢固，世间尤物难留连。

难留连，易销歇。塞北花，江南雪。

文人雅士每过真娘墓，不免怜香惜玉，纷纷题诗于墓上。刘禹锡题了一首《和乐天题真娘墓》：

薝卜林中黄土堆，罗襦绣带已成灰。

芳魂虽死人不怕，蔓草逢春花自开。

幡盖向风疑舞袖，镜灯临晓似妆台。

吴王娇女坟相近，一片行云应往来。

李商隐也题过一首《和人题真娘墓》：

虎丘山下剑池边，长遣游人叹逝川。

胃树断丝悲舞席，出云清梵想歌筵。

柳眉空吐效颦叶，榆荚还飞买笑钱。

一自香魂拈不得，只应江上独婵娟。

题诗后，带着几分叹息，白居易回到了住处。

一壶酒，几行诗。远处，江枫渔火，总有人愁苦。

姑苏城外，寒山寺的钟声依旧不断。

他是过客，亦是归人。

卷七：归去无踪

从来处来，到去处去。

来去皆两手空空，这就是人生。

可以说，人生这场旅行，只有漂泊辗转，没有彼岸归途。

度一寸光阴，赏一段风景，这就是人生的意义。

琴书鹤一船

人生的路，说来也算漫长。

聚散离合，悲喜浮沉，经历无数次，即是人生。

从晨光熹微到西山日落，从春暖花开到秋风萧瑟，走走停停，兜兜转转，一路风雨兼程，将青丝走成白发。这条路足够漫长，漫长到寻不见来时的路。

然而，某年某日，蓦然回首，突然发现，我们从未走远。我们只是在苍茫的红尘中转了一圈。我们总会回到出发的地方，静默地立着，看夕阳西下。那是生命的回归。

苏州城里，白居易过着忙碌而不失意趣的生活。

忙碌之时，济一方黎民；闲暇之余，对江南风月。

白居易喜欢苏州。斜阳芳草，烟雨楼台，他都喜欢。对于乐山乐水的诗人来说，苏州无疑是安身寄情的好地方。不过，白居易对苏州的喜欢，似乎不及杭州。想念元稹，他写了三首七律寄给知己，《岁暮寄微之三首·其一》里面就有这样的心情：

微之别久能无叹，知退书稀岂免愁。

甲子百年过半后，光阴一岁欲终头。

池冰晓合胶船底，楼雪晴销露瓦沟。

自觉欢情随日减，苏州心不及杭州。

他说："枕上从妨一夜睡，灯前读尽十年诗。" 他还说："唯欠结庐嵩洛下，一时归去作闲人。"

大概是倦了。他希望退身而去，于烟水明净之处，结庐而居。不管怎样，日子还要继续过，山水还要用心赏。除了虎丘山，白居易也常去天平山游赏。游赏之后，时常夜宿天平山。他住过的楼，后来被命名为"乐天楼"。某日，闲行山间，觅得山间涓涓泉水一股，明澈洁净，沁人心脾，遂手书"白云泉"刻于山石之上，并题《白云泉》诗一首：

天平山上白云泉，云自无心水自闲。

何必奔冲山下去，更添波浪向人间。

当然，有山间玩乐，便少不得湖上泛舟。

这天，他约了数位好友，泛舟于太湖，作有《宿湖中》：

水天向晚碧沉沉，树影霞光重叠深。

浸月冷波千顷练，苞霜新橘万株金。

幸无案牍何妨醉，纵有笙歌不废吟。

十只画船何处宿，洞庭山脚太湖心。

湖上泛舟，篱间把酒。

抛却俗念，这便是最好的生活。

就像温庭筠诗中所写："谁解乘舟寻范蠡，五湖烟水独忘机。"

八百多年后，纳兰容若的好友严绳孙回到江南，桥边垂钓，五湖泛舟，过着隐逸高致的生活。有云水相邻，有红颜相伴，岁月静好。纳兰写了首《浣溪沙·寄严荪友》遥寄好友：

藕荡桥边理钓筒，苎萝西去五湖东。笔床茶灶太从容。

况有短墙银杏雨，更兼高阁玉兰风。画眉闲了画芙蓉。

严绳孙徜徉山水，烹茶垂钓，写诗作画，从容度日，这样的生活其实也是白居易向往的。

有时候，白居易也会怀念曾为苏州刺史的韦应物。年少时，他寄身江南，对韦应物无比崇拜，可惜无缘相识。后来，他在仕途虽有坎坷，却也是一路攀升。而苏州刺史任期届满之后，韦应物没有得到新的任命，竟无川资回京候职，寄居于苏州无定寺，五十六岁故去，一身清贫。

尽管此时的白居易早已盛名远播，但他对韦应物，无论是对其才华还是性情，都崇敬有加。事实上，韦应物亦如白居易，在苏州任刺史的时候，勤于政务，造福黎民，受到苏州百姓的爱戴。有感于此，白居易特意命人做了石碑，立在郡亭内。石碑的前面刻有韦应物的《郡斋雨中与诸文士燕集》，其中有白居易很欣赏的诗句："俯饮一杯酒，仰聆金玉章。神欢体自轻，意欲凌风翔。吴中盛文史，群彦今汪洋。方知大藩地，岂曰财赋强。"

石碑的背面，刻有白居易写的题记。

题目为《吴郡诗石记》，文中有对韦应物的崇敬之情。

贞元初，韦应物为苏州牧，房孺复为杭州牧，皆豪人也。韦嗜诗，房嗜酒，每与宾友一醉一咏，其风流雅韵，多播于吴中，或目韦房为诗酒仙，时予始年十四五，旅二郡，以幼贱不得与游宴，尤觉其才调高而郡守尊，以当时心，言异日苏、杭苟获一郡足矣。

及今自中书舍人间领二州，去年脱杭印，今年佩苏印，既醉于彼，又吟于此，酬歌狂什，亦往往在人口中，则苏、杭之风景，韦、房之诗酒，兼有之矣。岂始愿及此哉！然二郡之物状人情，与曩时不异，前后相去三十七年，江山是而齿发非，又可嗟矣！

韦在此州，歌诗甚多，有《郡宴》诗云"兵卫森画戟，燕寝凝清香"最为警策。今刻此篇于石，传贻将来，因以予旬宴一章，亦附于后，虽雅俗不类，各咏一时之志，偶书石背，且偿其初心焉。宝历元年七月二十日，苏州刺史白居易题。

宝历二年（826）五月，白居易因病向朝廷告假百日。在此期间，他游走于各地，寄情山水。或是独自闲行，赏月吟诗；或是与三五好友，泛舟饮酒，不亦乐乎。按照当时的规定，官员休假超过三个月便可停职卸官。于是，八月底，白居易在百日假满后，辞去了苏州刺史一职。

卸去了官职，一身轻松。

终究，仕途羁绊，他久已厌倦。

他作有《百日假满》一诗，颇有自在之感：

心中久有归田计，身上都无济世才。

长告初从百日满，故乡元约一年回。

马辞辕下头高举，鹤出笼中翅大开。

但拂衣行莫回顾，的无官职趁人来。

白居易辞官而去，落得清闲自在，苏州的百姓却舍不得这位心系苍生的官员。

白居易离开苏州的时候，前来送行的百姓络绎不绝，挤满了大街小巷，随舟送行十里之远，与他离开杭州时的情景一般无二。慈悲仁善如他，无愧于百姓这般爱戴。

时为和州刺史的刘禹锡，听闻白居易离开苏州时，百姓十里相送，甚是感慨，写了首《白太守行》，其中写道："闻有白太守，抛官归旧谿。苏州十万户，尽作婴儿啼。太守驻行舟，阊门草萋萋。挥袂谢啼者，依然两眉低。"

事实上，白居易也很是不舍。

他写了首《别苏州》，留给苏州的百姓。诗中写道：

一时临水拜，十里随舟行。

饯筵犹未收，征棹不可停。

稍隔烟树色，尚闻丝竹声。

怅望武丘路，沉吟浒水亭。

还乡信有兴，去郡能无情。

然后，转过了身，不忍回头。他怕苏州百姓看到他泪湿青衫。

做人或是做官，皆是一样，以真心换真心。

每个人的心中都有一把尺，好坏善恶，量得清清楚楚。尽管无限不舍，白居易还是走了。清白一身，清风两袖。如他诗中所写："身兼妻子都三口、鹤与琴书共一船。"

沉舟侧畔千帆过

好的人生，既要安稳，也不能失了意趣。

就像人们说的，生活不止眼前的苟且，还有诗和远方。

柴米油盐酱醋茶，琴棋书画诗酒花，都不缺，才算是有味的人生。

就此来看，白居易的人生可谓滋味不尽，意趣无穷。尽管世事多艰，他不曾避开命运波折，也无法完全实现夙愿，但还是以一颗旷逸之心，将人生过成了自己喜欢的模样。

人生悲喜，世事浮沉，是每个人必然要面对的岁月洗礼。事实上，正是那些雨雪霏霏的日子，让我们的人生更加厚重。白居易亦是如此。那些晦暗阴沉的岁月，让他变得豁达和通透，对人生和世事了然于心。很多时候，他喜欢将自己交还给岁月，畅游山水，玩味人生，于诗酒风月中悠然度日。无疑，这是忠于性情的选择。

自然，辞去苏州刺史之职，也是忠于性情的选择。

官场羁束，他真的是倦了。他只想吟风弄月，快意人间。身在市井江湖，听人们在念诵自己的诗，他暗自窃喜。如这两首《长相思》：

汴水流，泗水流，流到瓜州古渡头。吴山点点愁。

思悠悠，恨悠悠，恨到归时方始休。月明人倚楼。

深画眉，浅画眉，蝉鬓鬅鬙云满衣，阳台行雨回。

巫山高，巫山低，暮雨潇潇郎不归，空房独守时。

离开苏州后，白居易一家乘舟而行，向洛阳而去。

白居易没想到，行至扬州渡口，竟与刘禹锡不期而遇。

故人重逢，相看许久，才开始寒暄。他们已很多年没见了。

年轻的时候，刘禹锡可谓顺风顺水。在白居易迷惘不知何往的时候，二十二岁的刘禹锡已进士及第，同时进士及第的还有柳宗元。其后，刘禹锡又登博学鸿词科，两年后又中了吏部取士科，这就是著名的"三登文科"，三次考试接连及第。

刘禹锡顺利地走入了仕途，而且升迁很快。杜佑入朝为相后，他迁监察御史。当时，韩愈、柳宗元均在御史台任职，三人结为好友，过从甚密。唐顺宗继位后，推行"永贞革新"。然而，作为革新派成员，在革新失败后，刘禹锡宦海沉浮多年，屡遭贬谪，先后任连州刺史、夔州刺史、和州刺史等。此时，刘禹锡也将前往洛阳，于东都尚书省任职。

尽管多次被贬，刘禹锡却始终豁达，活得自在潇洒。

他的《陋室铭》，可谓千古佳作，正是他达观从容的体现：

山不在高，有仙则名。水不在深，有龙则灵。斯是陋室，惟吾德馨。苔痕上阶绿，草色入帘青。谈笑有鸿儒，往来无白丁。可以调素琴，阅金经。无丝竹之乱耳，无案牍之劳形。南阳诸葛庐，西蜀子云亭。孔子云：何陋之有？

世间之人，大多数拘于外物，活得苦累。

却也有人，物我两忘，宠辱不惊，如清风白云。

刘禹锡正是如此。对他来说，宦海浮沉只如阴晴变幻。

白居易与刘禹锡当年一见如故，除了相同的年龄和政治态度，还有相似的性情。白居易欣赏刘禹锡，欣赏他心淡如水、万事随缘的性情，以及不随世事沉浮的独立人格。那些年，他们天涯相隔，常有音书往来，总是以诗酬唱，互相慰藉。数月之前，两人还以诗相和，得调侃之乐。刘禹锡写了一首《白舍人曹长寄新诗，有游宴之盛，因以戏作》：

苏州刺史例能诗，西掖今来替左司。
二八城门开道路，五千兵马引旌旗。
水通山寺笙歌去，骑过虹桥剑戟随。
若共吴王斗百草，不如应是欠西施。

白居易和了一首《重答刘和州》：

分无佳丽敌西施，敢有文章替左司。
随分笙歌聊自乐，等闲篇咏被人知。
花边妓引寻香径，月下僧留宿剑池。
可惜当时好风景，吴王应不解吟诗。

扬州，即广陵，淮左名都，竹西佳处。

秋水连天的日子，两个旷达的诗人同游陌上。把酒言欢，谈诗论道，说不尽的快意风雅。

当晚饮宴，酒浓之时，有歌舞助兴，自然也少不得吟诗作乐。白居易写了首《醉赠刘二十八使君》：

> 为我引杯添酒饮，与君把箸击盘歌。
> 诗称国手徒为尔，命压人头不奈何。
> 举眼风光长寂寞，满朝官职独蹉跎。
> 亦知合被才名折，二十三年折太多。

刘禹锡则作了首《酬乐天扬州初逢席上见赠》：

> 巴山楚水凄凉地，二十三年弃置身。
> 怀旧空吟闻笛赋，到乡翻似烂柯人。
> 沉舟侧畔千帆过，病树前头万木春。
> 今日听君歌一曲，暂凭杯酒长精神。

那日，两人醉意翩跹，尽兴吟咏。不过，后来刘禹锡这首成了千古名诗，相形之下白居易的诗沉寂许多。论旷达和潇洒，的确是刘禹锡这首更胜一筹。

此后数日，白居易与刘禹锡依旧结伴同游。

观山看水，听雨泛舟，有诗有酒，有好友相伴，极是畅快。

他们也曾同登栖灵塔，在塔上极目远眺。栖灵塔始建于隋文帝仁寿元年（601），塔高九层，塔内供奉佛骨。可惜在唐武宗会昌三年（843）一代胜迹化为焦土。古今观光者无不感喟怅惘。唐代著名诗人李白、高适、刘长卿、刘禹锡、白居易等都曾登临栖灵塔赋诗。李白登临此塔后，曾在诗中赞叹道："宝塔凌苍苍，登攀览四荒。"白居易和刘禹锡登到第九层，只见天高云淡，烟水空蒙，也是诗意顿生。

白居易写下了《与梦得同登栖灵塔》：

半月悠悠在广陵，何楼何塔不同登。
共怜筋力犹堪在，上到栖灵第九层。

刘禹锡作了首《同乐天登栖灵塔》：

步步相携不觉难，九层云外倚阑干。
忽然笑语半天上，无数游人举眼看。

在扬州同游数日，白居易和刘禹锡又结伴回洛阳。

两个才华横溢的诗人，将一条漫长的路变成了写诗的纸。一边行走，一边赏景吟诗，倒是快活。

在白居易的一生中，元稹和刘禹锡是他最重要的朋友。前半生，元稹是他的知己；后半生，刘禹锡是他的至交。要知道，在大唐诗坛，除了"元白"名号，还有"刘白"并称。白居易和刘禹锡，也多有唱和之作。

回到洛阳后，白居易闲居，刘禹锡任东都尚书。两人时常相约，或游赏山水，尽兴而往，尽兴而归；或流连诗酒，清醒而来，沉醉而去。不过，刘禹锡后来离开洛阳，前往苏州、汝州、同州等地任职，其间两人只能遥寄诗赋，诉说知交惦念。

从开成元年（836）开始，刘禹锡任太子宾客、秘书监，分司东都的闲职。会昌元年（841），加检校礼部尚书衔。晚年，两个诗人皆悠闲度日，时常把酒唱和。他们互相赠答的诗有百余首，白居易还出了本《刘白唱和集》，先后编集四次。白居易《赠梦得》一诗，写得甚是风趣：

年颜老少与君同，眼未全昏耳未聋。
放醉卧为春日伴，趁欢行入少年丛。
寻花借马烦川守，弄水偷船恼令公。
闻道洛城人尽怪，呼为刘白二狂翁。

日子原本简静安逸，但突然间急转直下。

先是弟弟白行简病故，白居易十分悲恸，肝肠寸断。

许多年前，兄长白幼文去世，白居易心痛不已，还有弟弟白行简来安慰他。如今，弟弟也弃红尘而去，想到从此没了兄弟，白居易泪如雨下。在写给弟弟的祭文中，白居易写道："哀缠手足，悲裂肝心，痛深痛深，孤苦孤苦！"那是难以言说的痛彻心扉。

后来朝廷又起动荡。宝历二年（826）十二月初八，唐敬宗为宦官刘克明等人所杀，年仅十八岁。他是唐朝皇帝中，除了亡国之君唐哀帝，寿命最短的一个。

这样的变故，让白居易和刘禹锡都感喟不已。

但这就是真实的中唐。斑斑血迹，掩埋了无数叹息。

青史无言，只是喧嚣后的寂静。

归来诗酒是闲人

如世间你我，白居易亦是凡尘过客。

他的心中，既有黎民社稷，又有诗酒山河。

为此，他从未停止跋涉。每一步都走得踏实，无怨无悔。岁月于他，是无垠旷野，亦是寂静长歌。

对白居易来说，宝历二年（826）的冬天是冷寂和肃杀的。弟弟白行简过世，敬宗被宦官所杀，都让他伤心不已。但无论如何，他总会从悲伤中走出，回到他诗酒的世界，与三五至交，与那个豁达的自己，把盏遣兴，对月成欢。他在《南院》中写道：

> 林院无情绪，经春不一开。杨花飞作穗，榆荚落成堆。
>
> 壮气从中减，流年逐后催。只应如过客，病去老迎来。

那个冬天，宦官刘克明等杀死唐敬宗，伪造遗旨，欲迎唐宪宗之子绛王李悟为帝。两天后，宦官王守澄、梁守谦指挥神策军入宫，杀死刘克明和绛王李悟，拥立李昂为帝，是为唐文宗。

唐文宗在位初期，勤于朝政，力图复兴大唐王朝。他曾发动"甘露之变"，试图削弱甚至消灭宦官势力。然而，他空有复兴理想，却无治国之能，只能眼睁睁地看着那个曾经辉煌无比的王朝摇摇欲坠。文宗在位期间，牛李党争极为激烈，许多忠正清廉之士成了党争的牺牲品。

白居易的好友裴度因参与诛杀谋害敬宗的宦官，迎立文宗有功，被授予宰相之职，而白居易的另一个好友韦处厚也被授予同中门下平章事之职。在这样的政治背景下，大和元年（827）三月，白居易被召为秘书监。据《旧唐书·文宗本纪》载："戊寅，以前苏州刺史白居易为秘书监，仍赐金紫。"

秘书监是秘书省的最高行政长官，配紫金鱼袋，换穿紫色朝服（三品以上官员所用的服色）。不过，此时的白居易对功名之事看得极淡，不愿再受俗事羁绊，更不愿陷入朝廷党争之中。

他更愿意做个无事之人，闲居陌上。

一张琴，一壶酒，一轮月，写着诗对酌年光。

他在《闲行》一诗中，表达了对林泉山水的向往：

五十年来思虑熟，忙人应未胜闲人。

林园傲逸真成贵，衣食单疏不是贫。

专掌图书无过地，遍寻山水自由身。

傥年七十犹强健，尚得闲行十五春。

长安城里，喧嚣如旧，风月如旧。

王侯将相，贩夫走卒，一如从前，来去无休。都是过客，但都停不下忙碌和追逐。

许多事情，过去了便成了一椿云烟，渐渐模糊。如今的长安，没有醉卧市井酒家、睥睨王侯贵胄的诗人，也没有云雨巫山枉断肠、霓裳羽衣舞魅惑众生的倾国红颜。有的是暗流涌动、纷争不休、官员如走马灯般来来去去；有的是权欲和人性的对撞，正直与奸佞的搏杀。很混乱，很喧闹，很不堪。

尽管不喜欢，白居易还是再次走入了朝堂。所幸，秘书监的工作并不忙碌，他有很多时间，玩月看山，赏花饮酒。他可以独酌，弹着琴笑看人间，如王摩诘《酬张少府》中所写的那样："晚年唯好静，万事不关心。自顾无长策，空知返旧林。松风吹解带，山月照弹琴。君问穷通理，渔歌入浦深。"

当然，他还可以与好友对吟风月，把酒高歌。他的好友诸如裴度、张籍、杨汝士、杨虚卿等人，此时都在长安，他时常邀他们来家里闲坐，诗酒酬唱。有时候，他也会去到好友家里，对酌倾谈，只说田园诗酒，不谈富贵功名。某天，裴度邀请白居易前去观赏园中小池。

白居易欣然前往，与好友喝了几杯酒，写了首《酬裴相公题兴化小池见招长句》：

> 为爱小塘招散客，不嫌老监与新诗。
> 山公倒载无妨学，范蠡扁舟未要追。
> 蓬断偶飘桃李径，鸥惊误拂凤凰池。
> 敢辞课拙酬高韵，一勺争禁万顷陂。

除了诗酒，白居易仍旧喜欢沉浸于佛学。大和元年（827）冬，洛阳圣善寺住持僧智如大师来到长安，造访白居易，两人促膝长谈佛法多日。白居易作有《与僧智如夜话》一诗：

> 懒钝尤知命，幽栖渐得朋。门闲无谒客，室静有禅僧。
> 炉向初冬火，笼停半夜灯。忧劳缘智巧，自喜百无能。

这个冬天，白居易奉命出使洛阳。途中，他乘骑多时的小白马暴毙于稠桑驿站。白居易写了首《有小白马乘驭多时，奉使东行至稠桑驿而毙，溘然》，唏嘘不已。

在洛阳，白居易与好友刘禹锡多日诗酒相与。白天，寻梅踏雪；夜晚，围炉煮酒。知交相聚，甚是欢畅。不过，刘禹锡的一位侍妾因不习惯北方的严寒，染病而逝，见刘禹锡神伤，白居易也很是难过。他写了首《和刘郎中伤鄂姬》表示哀悼：

不独君嗟我亦嗟，西风北雪杀南花。

不知月夜魂归处，鹦鹉洲头第几家？

大和二年（828）年初，白居易返回了长安。

不久，朝廷下诏，白居易由秘书监除刑部侍郎，并封晋阳县男爵爵位。据《旧唐书·白居易传》载："大和二年正月，转刑部侍郎，封晋阳县男，食邑三百户。"

刑部侍郎是刑部尚书的副手，协助尚书处理刑部事务，地位举足轻重。不久之后，刘禹锡奉诏除授主客郎中、集贤殿学士，也回到了长安。当然，刘禹锡升迁，也是裴度力荐的结果。对于自己的职位，白居易并不在意，不过，好友回到长安，可以携手同游，可以临风把酒，让他无比欣喜。

不久之后，裴度写了首诗，题为《白二十二侍郎有双鹤留在洛下，予西园多野水长松可以栖息，遂以诗请之》，让人交给白居易，向他讨要从江南带回来留在洛阳的两只鹤。

闻君有双鹤，羁旅洛城东。未放归仙去，何如乞老翁。

且将临野水，莫闭在樊笼。好是长鸣处，西园白露中。

白居易既喜欢诗酒，也喜欢琴鹤。

他曾在诗中写道："共闲作伴无如鹤，与老相宜只有琴。"

那两只鹤是他的心爱之物。在从江南回洛阳的路上，刘禹锡时常喂养，因此这两只鹤见到他便欢欣起舞，鸣叫不已。白居易离开洛阳回长安任秘书监，刘禹锡常去他家里照看这两只鹤，还曾写了两首《鹤叹》寄给白居易。白居易写诗《有双鹤留在洛中，忽见刘郎中依然鸣顾，刘因为〈鹤叹〉二篇寄予，予以二绝句答之》以答：

> 辞乡远隔华亭水，逐我来栖缑岭云。
> 惭愧稻粱长不饱，未曾回眼向鸡群。
>
> 荒草院中池水畔，衔恩不去又经春。
> 见君惊喜双回顾，应为吟声似主人。

刘禹锡到长安后，将双鹤之事告诉了裴度。裴度甚觉奇异，便写诗向白居易索求。白居易对裴度敬重有加，但他十分珍爱那两只鹤，十分不舍，便写了首《答裴相公乞鹤》，有婉拒之意。未久，刘禹锡写了首《和裴相公寄白侍郎求双鹤》，劝白居易割爱。白居易心有所动，但割舍心头之好，实在为难。在他犹豫之际，好友张籍也写了首《和裴司空以诗请刑部白侍郎双鹤》，欲调停"僵局"：

> 皎皎仙家鹤，远留闲宅中。
> 徘徊幽树月，嘹唳小亭风。
> 丞相西园好，池塘野水通。

欲将来放此，赏望与宾同。

张籍直截了当地提出"丞相西园好"，劝说白居易不应私藏好物。张籍这首诗，让白居易无法再推诿敷衍。他只能含泪写下《送鹤与裴相临别赠诗》，同意将华亭鹤赠送裴度。在诗中，他对双鹤细心嘱咐，还说去了相府，它们的生活定会胜过在白家，自嘲中颇有几分不舍和无奈。

司空爱尔尔须知，不信听吟送鹤诗。
羽翮势高宁惜别，稻粱恩厚莫愁饥。
夜栖少共鸡争树，晓浴先饶凤占池。
稳上青云勿回顾，的应胜在白家时。

得知白居易同意将双鹤送入裴宅，刘禹锡非常高兴，再次作诗《和乐天送鹤上裴相公别鹤之作》：

昨日看成送鹤诗，高笼提出白云司。
朱门乍入应迷路，玉树容栖莫拣枝。
双舞庭中花落处，数声池上月明时。
三山碧海不归去，且向人间呈羽仪。

刘禹锡的话语意味深长，既是言鹤，也是在说白居易的处境。

此时的白居易，已是刑部侍郎，距离位列宰辅，仅一步之遥。然而，功名之事，他并不上心。在他的《晚从省归》一诗中，闲散的愿望甚是明显：

> 朝回北阙值清晨，晚出南宫送暮春。
> 入去丞郎非散秩，归来诗酒是闲人。
> 犹思泉石多成梦，尚叹簪裾未离身。
> 终是不如山下去，心头眼底两无尘。

世间之人，总是陷身于名利，无法自拔。

无法脱略浮名虚利，便要身心受缚，疲惫和迷惘。蝇营于俗事，终不如纵情风月湖山来得自在。人生于世，既要拿得起，也要放得下。

拿得起，是勇气；放得下，是智慧。

世事如谜

> 忆除司马向江州，及此凡经十五秋。
> 虽在簪裾从俗累，半寻山水是闲游。
> 谪居终带乡关思，领郡犹分邦国忧。
> 争似如今作宾客，都无一念到心头。

饮着酒，写着诗，这是白居易闲居的日子。

了知悲喜聚散，也仍要面对岁月沉浮。但他喜欢这简单的欢喜。

一念欢喜，万里花开。在这首《思往喜今》中，他表示凡尘俗事，不愿挂怀。

大和二年（828）冬到大和三年（829）春，好友宰相韦处厚、吏部尚书钱徽、京兆尹孔戢、华州刺史崔植相继离世，白居易倍感痛心。事实上，他自己的身体亦是大不如前，只想尽快远离朝野，寂静闲居。

大和三年（829）初，白居易因自己身体每况愈下向朝廷告假，文宗体恤他年迈，诏除他为太子宾客，分司东都。据《旧唐书·白居易传》载："三年，称病东归，求为分司官，寻除太子宾客。"

裴度、刘禹锡、张籍三人在裴府举办宴会为他饯行。虽然不无感伤，但白居易更多的是为少了束缚而欣喜。朝廷官员在洛阳执行公务，叫作分司东都。实际上，分司东都是个闲职，几无实际事务。这个职位，是朝廷为了对那些功勋卓著、德高望重的官员表示嘉奖和体恤而设的。

回到洛阳履道里的宅院，生活终于恢复了闲逸。

曲巷小楼，亭台水榭，可以尽情玩赏，亦可以随性吟诵。不过，对于送给好友裴度的两只鹤，白居易还是惦念不已。回到洛阳几日后，他就写了首《问江南物》：

归来未及问生涯，先问江南物在耶。

引手摩挲青石笋，回头点检白莲花。

苏州舫故龙头暗，王尹桥倾雁齿斜。

别有夜深惆怅事，月明双鹤在裴家。

日子如水般，在他的诗笔间流过。

饮一壶酒，写一首诗，秋来春去，岁月如歌。

除了饮酒写诗弹琴放鹤，白居易还有个嗜好，就是下棋。无论际遇如何，他总会与友人相约轩下，相对黑白子。人生如棋，想必深思落子之际，也常有领悟。对弈的人，可以是情谊笃厚的老友，可以是倾盖如故的新交。反正，他乐在其中，也有不少诗，记录对弈之闲趣。如《刘十九同宿》：

红旗破贼非吾事，黄纸除书无我名。

唯共嵩阳刘处士，围棋赌酒到天明。

又如《郭虚舟相访》：

朝暖就南轩，暮寒归后屋。晚酒一两杯，夜棋三四局。

寒灰埋暗火，晓焰凝残烛。不嫌贫冷人，时来同一宿。

在洛阳，白居易也常与人对弈。

落子之际，没有阴晴雨雪，没有聚散离合，只有闲敲棋子落灯花的闲情。

就这样，喝着酒，写着诗，下着棋，白居易等来了一生的知己，那个叫元稹的诗人。大和三年（829）十月，元稹除尚书左丞。回长安的路上，元稹经过洛阳，在白居易家里盘桓数日。事实上，在获悉元稹将入京就职后，白居易就开始扳着指头计算元稹的行程了，可谓望穿秋水。

白居易好酒，南宋方勺在他的《泊宅编》中说："白乐天多乐诗，二千八百首中，饮酒者八百首。"晚年，白居易在《醉吟先生传》中，以醉吟先生自喻，称自己生性嗜酒，并且喜欢吟诗弹琴，因此结交了不少的酒友、诗客和琴侣。

白居易既是一位钟情于酒的酒客，也是一位技艺卓越的酿酒师。他在《醉吟先生传》中称自己"岁酿酒约数百斛"。而从他的"旧法依稀传自杜，新方要妙得于陈"诗句中可知，他师从陈氏。这里的陈氏指的是与白居易同年登科及第的颍川人陈岵。白居易在酿酒方面悟性极高，一点便通，很快学会了自酿美酒。

世间好物黄醅酒，天下闲人白侍郎。

爱向卯时谋洽乐，亦曾酉日放粗狂。

醉来枕麹贫如富，身后堆金有若亡。

元九计程殊未到，瓮头一盏共谁尝。

从《尝黄醅酒新酎忆微之》一诗中可知，元稹还在路上，白居易已将自酿的酒准备好了。

然后，元稹终于带着家眷来到了洛阳，白居易亲自去驿站看望老友，又将元稹一家接到自己家中，盛情款待。此后数日，两个纵逸的诗人，或同游巷陌，或把盏小楼，尽情尽兴，各自开怀。白日放歌纵酒，夜晚秉烛倾谈，然后同榻而眠。

可惜，行程所限，几日后元稹便离开了洛阳。

白居易为他饯行，两人无比感伤。暮色苍苍，不知重逢何日。元稹写了《过东都别乐天二首》相赠：

君应怪我留连久，我欲与君辞别难。
白头徒侣渐稀少，明日恐君无此欢。

自识君来三度别，这回白尽老髭须。
恋君不去君须会，知得后回相见无。

白居易作了《酬别微之》，泪眼迷离。

沣头峡口钱唐岸，三别都经二十年。
且喜筋骸俱健在，勿嫌须鬓各皤然。
君归北阙朝天帝，我住东京作地仙。
博望自来非弃置，承明重入莫拘牵。
醉收杯杓停灯语，寒展衾裯对枕眠。

犹被分司官系绊，送君不得过甘泉。

这年冬天，白居易老来得子。

五十八岁的诗人，欣喜若狂，像个孩子。

他为这个孩子取名崔儿，多日设宴庆贺，还写诗《予与微之，老而无子，发于言叹，著在诗篇。今年冬各有一子，戏作二什，一以相贺，一以自嘲》，向元稹报喜：

常忧到老都无子，何况新生又是儿。

阴德自然宜有庆，皇天可得道无知。

一园水竹今为主，百卷文章更付谁。

莫虑鹓雏无浴处，即应重入凤凰池。

五十八翁方有后，静思堪喜亦堪嗟。

一珠甚小还惭蚌，八子虽多不美鸦。

秋月晚生丹桂实，春风新长紫兰芽。

持杯祝愿无他语，慎勿顽愚似汝爷。

白居易在《阿崔》中写道："未能知寿夭，何暇虑贤愚。"

人生如絮，许多事无法预料。五十八岁，他经历了太多生离死别。对于儿子，他没有过多期许，只盼他平安喜乐。

大和四年（830），牛李党争继续上演。牛僧孺入朝为宰相，任兵部尚书。李德裕一党败北，受尽排挤。元稹也被排挤出京，任武昌军节度使。幸好，身在洛阳的白居易并未受党派纷争的影响。

这年十二月，白居易被授为河南尹。仍是闲职，但俸禄优厚，是朝廷对他这五朝元老的安抚。此时的他，有儿女承欢的天伦之乐，有山水纵情的性情之娱，有知交把盏的诗酒之欢，日子无比清朗。然而，突然之间，雨雪飘零。

爱子崔儿突然患病，医治无效，离开了人世。

对白居易来说，这不啻为晴天霹雳。原本，老来得子，以为终于后继有人，没想到竟是一场空。巨大的悲痛侵袭着白居易，他数日不言不语，亦不进食。他写了首《哭崔儿》：

掌珠一颗儿三岁，鬓雪千茎父六旬。

岂料汝先为异物，常忧吾不见成人。

悲肠自断非因剑，啼眼加昏不是尘。

怀抱又空天默默，依前重作邓攸身。

好友元稹、刘禹锡等人闻此噩耗，或亲自来洛阳劝慰，或以诗相劝。不管怎样，爱子不幸夭折，白居易需要很长的时间来驱赶悲伤。更无奈的是，他尚未从丧子之痛中解脱出来，又听到了元稹离世的噩耗。大和五年（831）七月，元稹病故，时年五十三岁。

椎心之痛，黯然销魂。

许多日子，白居易都是老泪纵横。

带着无尽的悲伤，白居易为元稹写了墓志铭。写完，身体虚脱，倒在了地上。后元稹灵柩自武昌运往长安，经过洛阳时，白居易祭奠故友，痛不欲生。他写了《哭微之》，字字悲伤：

八月凉风吹白幕，寝门廊下哭微之。

妻孥朋友来相吊，唯道皇天无所知。

文章卓荦生无敌，风骨英灵殁有神。

哭送咸阳北原上，可能随例作埃尘。

今生岂有相逢日，未死应无暂忘时。

从此三篇收泪后，终身无复更吟诗。

白居易是个感性的人，也是个长情的人。

多年以后，他还时常梦到与元稹同游，醒时泪眼迷离。

大和七年（833），元稹已去世两年。某次宴会，听到歌女唱元稹的诗句，白居易悲从中来，写诗说："时向歌中闻一句，未容倾耳已伤心。"会昌元年（841），元稹去世已十年。白居易在友人卢子蒙处，看到了其与元稹唱和的旧作，无比感伤，在诗的空白处，写下了一首《览卢子蒙侍御旧诗，多与微之唱和，感今伤昔，因赠子蒙，题于卷后》：

早闻元九咏君诗，恨与卢君相识迟。

今日逢君开旧卷，卷中多道赠微之。

相看掩泪情难说，别有伤心事岂知？

闻道咸阳坟上树，已抽三丈白杨枝。

相逢相别，只如花开花谢。

所有的欢颜，终会在某年某日画上句号。最后，成为陈年旧事。

我们是故事外的看客，阅读世事如谜；我们亦是故事中的人，独饮悲欢离合。

我是人间事了人

木心先生说，岁月不饶人，我亦未曾饶过岁月。

岁月的河流，会带走陌上花开，亦会带走如水年华。

所有的青春岁月、浮生过往，都会在岁月里渐渐沉默，最终没了声响。其实，人生就是一场年岁渐老、时日渐少的行走。但我们可以将匆忙的人生过成风景，过成斜风细雨的模样。好的人生就该是，走得淡然从容，行囊越来越空荡，生命越来越丰盛。如此，便能了无遗憾，便能对着岁月骄傲地说一句：流年，你奈我何！

白居易不曾饶过岁月。他是诗人，亦是百姓的好官。

酒盏里，吟风弄月，快意风流；仕途上，心忧天下，不变初心。白发满头，他无愧于时光，亦无愧于自己。

对白居易来说，大和五年（831）是黯淡无光的。爱子早逝，知己病故，就像一场漫长无际的大雨，淋透了时光。幸好，他心性恬淡旷达，终于还是从悲伤里走了出来。他知道，沉湎于悲伤不过是自我折磨。

人生于世，总要面对无数的坎坷曲折。

生离死别，就像暮春花落，谁都避免不了。

不管怎样，路还在前面。我们还要再次出发，将岁月踩在脚下。

流光黯淡，烟雨斜阳，只在一线之间。

那个冬天，刘禹锡未能避开朝廷党争的旋涡，被外放为苏州刺史。在洛阳福先寺，白居易为他送行，说起朝廷纷争，尽是叹息。刘禹锡写了两首赠别诗，分别为《赴苏州酬别乐天》和《福先寺雪中酬别乐天》。白居易也赠诗两首，分别为《福先寺雪中饯刘苏州》和《送刘郎中赴任苏州》：

> 送君何处展离筵，大梵王宫大雪天。
> 庾岭梅花落歌管，谢家柳絮扑金田。
> 乱从纨袖交加舞，醉入篮舆取次眠。
> 却笑召邹兼访戴，只持空酒驾空船。

> 仁风膏雨去随轮，胜境欢游到逐身。
> 水驿路穿儿店月，花船棹入女湖春。
> 宣城独咏窗中岫，柳恽单题汀上蘋，
> 何似姑苏诗太守，吟诗相继有三人。

临别时，带着几分醉意，又吟对两首。

白居易写下《醉中重留梦得》：

刘郎刘郎莫先起，苏台苏台隔云水。

酒盏来从一百分，马头去便三千里。

刘禹锡回了首《酬答乐天》：

洛城洛城何日归，故人故人今转稀。

莫嗟雪里暂时别，终拟云间相逐飞。

一别三千里，关山难越。但他们还是盼着日后能再续诗酒之缘。

终于，刘禹锡起程前往苏州。

白居易望着老友的背影，孤零零的，潸然泪下。

他们皆已至花甲之年。此一别，是否还能重逢，谁都不知道，却也无可奈何。聚散离合，最是寻常。红尘相遇，以知交之谊，把酒临风，同游陌上，已是极深的缘分。这世间，我们遇到的所有人，都会在悄然间离开我们的生活。终究，每个人都有自己的路。纵是知己良朋，也不能陪我们走尽时光。

知交越来越少，白居易的生活清寂了许多。同游泛舟无人相共，他便将自己交给禅院，于佛火经卷中了悟，忘却悲欢离合。他最常去的寺院是香山寺。香山寺始建于北魏熙平元年（516）。武则天称帝后重修，并经常游幸，于香山寺中石楼坐朝，留下了"香山赋诗夺锦袍"的佳话。中唐时期，香山寺渐有没落迹象。白居易每每入寺，都会感叹昔日盛况不在。

白居易为元稹写墓志铭后，元稹的家人送他一笔酬金，他再三婉拒，无奈盛情难却，只好收下。大和六年（832）初，他将这笔钱捐给了香山寺，以做修葺之用。白居易在《修香山寺记》中写道：

去年秋，微之将薨，以墓志文见托。既而元氏之老状其臧获、舆马、绫帛洎银鞍、玉带之物，价当六七十万，为谢文之赞，来致于予。予念平生分，文不当辞，赞不当纳。自秦抵洛，往返再三，讫不得已，回施兹寺。因请悲知僧清闲主张之，命谨干将士复掌治之……清闲上人与予及微之，皆风旧也，交情愿力，久知之，憾往念来，欢且赞曰："凡此利益，皆名功德，而是功德，应归微之，必有以灭宿殃，荐冥福也。"予应曰："呜呼！乘此功德，安知他劫不与微之结后缘于兹土乎？因此行愿，安知他生不与微之复同游于兹寺乎？"言及于斯，涟而涕下。唐太和六年八月一日，河南尹太原白居易记。

八月，香山寺修葺结束，寺里举行了庆典。白居易莅临，并撰写《修香山寺记》。此外，白居易还搜集了五千多卷佛经藏入寺中。此后，香山寺声名大振。

那笔酬金终得其所，白居易甚感欣慰。

只是，想起已故知交元稹，不免感叹和悲伤。

大和七年（833）二月，朝廷党争又起，加之身体不适，白居易辞去了河南尹一职。白居易在《咏兴五首》序中写道："七年四月，予罢河南府，归履道第。"

不久后，朝廷又下诏书，再授白居易太子宾客，分司东都。此为闲职，白居易没有拒绝。此后，他仍过着散淡的生活，时常往来于古寺禅院，有时是独自前去，有时是与三五好友同往。一天，有感于香山寺的寂静安详，他作了《香山寺二绝》：

> 空门寂静老夫闲，伴鸟随云往复还。
> 家酝满瓶书满架，半移生计入香山。
>
> 爱风岩上攀松盖，恋月潭边坐石棱。
> 且共云泉结缘境，他生当作此山僧。

日子安宁，但时光仍是奔走不息。

白居易日渐苍老，却越来越淡然。

生命来去，世事沉浮，他渐渐了然，心静如水。

大和九年（835），白居易被任命为同州刺史。据《旧唐书·文宗本纪》载："辛亥，以太子宾客分司东都白居易为同州刺史。"

白居易辞谢不去赴任，写了首《诏授同州刺史病不赴任因咏所怀》，解释说自己不赴任的原因是身体抱恙。结果，朝廷改授他为太子少傅，分司东都，封冯翊县侯，仍留在洛阳。白居易写了首《从同州刺史改授太子少傅分司》，颇有自嘲之意：

> 承华东署三分务，履道西池七过春。
>
> 歌酒优游聊卒岁，园林萧洒可终身。
>
> 留侯爵秩诚虚贵，疏受生涯未苦贫。
>
> 月俸百千官二品，朝廷雇我作闲人。

唐文宗一心想铲除宦官势力，夺回政权，于是提拔了郑注为御史大夫、李训为宰相，作为心腹。文宗听信这些人的撺掇，反而引发了"甘露之变"，被宦官软禁。国家政事由宦官专权，朝中宰相只是行文书之职而已。文宗对此毫无办法，只是饮酒求醉，赋诗遣愁。

听闻"甘露之变"，白居易既震惊又难过。

大唐灯火明灭，渐有水尽山穷之态。

独游香山寺，白居易步履沉重。在他写的《九年十一月二十一日感事而作》里，他闲兴中不无叹息。

> 祸福茫茫不可期，大都早退似先知。
>
> 当君白首同归日，是我青山独往时。
>
> 顾索素琴应不暇，忆牵黄犬定难追。
>
> 麒麟作脯龙为醢，何似泥中曳尾龟。

开成元年（836）正月，朝廷大赦天下，免除京兆百姓一年赋租。

朝廷中，官员仍是来的来去的去，影影绰绰。但不管朝野如何纷乱，白居易都不甚挂怀。谁翻云覆雨，谁暗度陈仓，他都不想过问。他只想于山水田园、深寺古刹安放身心。此时的白居易有固定的斋期，斋期内吃素断酒，坐禅念佛。

这年春天，白居易游嵩山，在山上住了三夜，几乎走遍了嵩山三十六峰。三月末，老友李绅任河南尹，时常与白居易相约同游，诗酒唱和。八月，刘禹锡也回到了洛阳，任太子宾客、秘书监，分司东都。有好友相伴，白居易的日子明快了许多。他在《题酒瓮呈梦得》一诗中写道："更拟共君何处去，且来同作醉先生。"不过，他还是时常前往古寺禅院，听暮鼓晨钟，悟世事无常。

一天，白居易和刘禹锡来到裴度的集贤园林，受到了裴度的盛情款待。在绿野堂，几个白发苍苍的文人，举行了一场诗酒盛宴。其间，他们商量，于次年三月三日，举办一次盛大的聚会，如王羲之《兰亭集序》中所写："天朗气清，惠风和畅。仰观宇宙之大，俯察品类之盛，所以游目骋怀，足以极视听之娱，信可乐也。"白居易作诗《对酒劝令公开春游宴》：

时泰岁丰无事日，功成名遂自由身。

前头更有忘忧日，向上应无快活人。

自去年来多事故，从今日去少交亲。

宜须数数谋欢会，好作开成第二春。

刘禹锡唱和一首《酬乐天请裴令公开春加宴》：

高名大位能兼有，恣意遨游是特恩。

二室烟霞成步障，三川风物是家园。

晨窥苑树韶光动，晚度河桥春思繁。

弦管常调客常满，但逢花处即开樽。

开成二年（837）三月初三，盛会如期举行。

莺飞草长的日子，少长咸集，群贤毕至，诗酒迷离。

关于此次盛会，刘禹锡有《三月三日与乐天及河南李尹奉陪裴令公泛洛禊饮各赋二十韵》一诗，其中写道："洛下今修禊，群贤胜会稽。"

日子平静以后，白居易时常想念江南，写了《忆江南三首》：

江南好，风景旧曾谙。

日出江花红胜火，春来江水绿如蓝。能不忆江南？

江南忆，最忆是杭州。

山寺月中寻桂子，郡亭枕上看潮头。何日更重游！

江南忆，其次忆吴宫。

吴酒一杯春竹叶，吴娃双舞醉芙蓉。早晚复相逢！

开成四年（839），白居易因患风痹，卧床很久。白居易在《病中诗十五首》序中写道："开成己未岁，余蒲柳之年，六十有八。冬十月甲寅旦，始得风痹之症。"

病情好转后，他卖掉骆马，遣散了樊素等侍妾，写有《不能忘情吟》。会昌元年（841），白居易告假百日，之后辞太子宾客之职。无官一身轻，他甚觉自在，写有《百日假满，少傅官停，自喜言怀》：

> 长告今朝满十旬，从兹萧洒便终身。
>
> 老嫌手重抛牙笏，病喜头轻换角巾。
>
> 疏傅不朝悬组绶，尚平无累毕婚姻。
>
> 人言世事何时了，我是人间事了人。

浮生若梦，世事如尘。他了然于心。

红尘巷陌，聚散离合。无数人执迷，也有人活得风轻云淡。所以，席慕蓉在诗中这样写道："一生或许只是几页，不断在修改与誊抄着的诗稿。从青丝改到白发，有人还在灯下。"

此去无声

人生如四季。

春暖，夏盛，秋凉，冬寂。

一世红尘，便是在这四季中，体验一次盛衰荣枯的变换。来的时候，花开春暖；去的时候，万籁俱寂；中间，是繁盛的夏日和悲凉的秋季。那里有我们跋涉的足迹和孤独的身影。岁月在我们指间，或沉重，或轻悠，奔走如歌。

每个人都喜欢春天，喜欢将自己安放在春和景明的日子里。然而，真实的情况是，不知不觉间，我们已走出了百花鲜妍的春日，到了炎炎夏日，面对尘世的搏杀与挣扎。继而是西风萧瑟，独饮秋凉。然后，白雪皑皑，大地茫茫。

七十岁的白居易，饮酒写诗，打坐参禅。

世间俗事，他了无兴致。就像他在诗中所写："我是人间事了人。"他于《爱咏诗》中写道：

辞章讽咏成千首，心行归依向一乘。

坐倚绳床闲自念，前生应是一诗僧。

开成五年（740），唐文宗驾崩，唐穆宗第五子李炎继位，即唐武宗。武宗性情刚毅，雄谋勇断，知人善用，倚重宰相李德裕，澄清吏治，发展经济，改革积弊。在位期间，对内削弱宦官、藩镇势力；对外击败回鹘，加强了中央集权，大唐一度呈现中兴局面，史称"会昌中兴"。

对于这一切，白居易不闻不问。他的心中，有诗有佛。

他知道，大唐帝国已经病入膏肓，复兴早已是痴想。

会昌二年（842）七月，刘禹锡病故，白居易悲伤很久。他写了《哭刘尚书梦得二首》，老泪纵横。

四海齐名白与刘，百年交分两绸缪。

同贫同病退闲日，一死一生临老头。

杯酒英雄君与操，文章微婉我知丘。

贤豪虽殁精灵在，应共微之地下游。

今日哭君吾道孤，寝门泪满白髭须。

不知箭折弓何用？兼恐唇亡齿亦枯！

窅窅穷泉埋宝玉，骎骎落景挂桑榆。

夜台暮齿期非远，但问前头相见无。

至交好友不断故去，诗酒唱和已无人相共。

风烛残年，白居易只能将孤独埋在佛火经卷中。

会昌三年（843），武宗念白居易诗名远播，又政绩卓著，下诏授白居易为刑部尚书致仕，领取半俸。白居易写有《刑部尚书致仕》：

十五年来洛下居，道缘俗累两何如？

迷路心回因向佛，宦途事了是悬车。

全家遁世曾无闷，半俸资身亦有余。

唯是名衔人不会，毗耶长者白尚书。

朝廷里风云变幻，甚至血雨腥风，白居易并不挂心。

漫长的岁月里，他养就了一颗寂静之心，万事不经心。

暮年的白居易，过着闲适的日子，自号香山居士。

他也曾仿陶渊明自称醉吟先生，并且写了篇《醉吟先生传》：

醉吟先生者，忘其姓字、乡里、官爵，忽忽不知吾为谁也。宦游三十载，将老，退居洛下，所居有池五六亩，竹数千竿，乔木数十株，台榭舟桥，具体而微，先生安焉。家虽贫，不至寒馁；年虽老，未及昏耄。性嗜酒，耽琴淫诗。凡酒徒、琴侣、诗客多与之游。

游之外，栖心释氏，通学小中大乘法。与嵩山僧如满为空门友，平泉客韦楚为山水友，彭城刘梦得为诗友，安定皇甫朗之为酒友。每一相见，欣然忘归。洛城内外六七十里间，凡观、寺、丘、墅，有泉石花竹者，靡不游；人家有美酒、鸣琴者，靡不过；有图书、歌舞者，靡不观。自居守洛川及泊布衣家以宴游召者，亦时时往。每良辰美景，或雪朝月夕，好事者相过，必为之先拂酒罍，次开诗箧。诗酒既酣，乃自援琴，操宫声弄《秋思》一遍。若兴发，命家僮调法部丝竹，合奏《霓裳羽衣》一曲。若欢甚，又命小妓歌《杨柳枝》新词十数章。放杯自娱，酩酊而后已。往往乘兴屦及邻，杖于乡，骑游都邑，肩舁适野。舁中置一琴一枕，陶、谢诗数卷。舁杆左右悬双壶酒，寻水望山，率情便去，抱琴引酌，兴尽而返。如此者凡十年。其间赋诗约千余首，岁酿酒约数百斛……

飘雪的日子，白居易也会与好友对酌几杯。在《问刘十九》中，他问："能饮一杯无？"

兴许，他们也会对弈，秉烛夜话。暮色清欢，余味悠长。

绿蚁新醅酒，红泥小火炉。

晚来天欲雪，能饮一杯无？

一壶浊酒，从来没有饮尽。

而那红泥炉火，也温暖了一千多年。飞雪连天的日子，总有人想起那画面。

可惜，红尘万丈，少有人能寻得那份闲情。

会昌二年（842），白居易曾请人按《阿弥陀经》和《无量寿经》画了一幅大型极乐世界图和一幅西方三圣像。此后，他时常膜拜，还写了首《念佛偈》，时至今日仍脍炙人口，其中有：

纵饶忙似箭，不废阿弥陀。日暮而途远，吾生已蹉跎。

旦夕清净心，但念阿弥陀。达人应笑我，多却阿弥陀。

达又作么生，不达又如何？普劝法界众，同念阿弥陀。

会昌四年（844），白居易自己出资，又得数位高僧资助，疏通了八节滩河道，使原本险象环生、船夫们望而却步的八节滩顺利通船。通船当日，白居易无比欣喜，写了两首《开龙门八节石滩诗》。

他在诗的序言中写道："东都龙门潭之南，有八节滩、九峭石，船筏过此，例反破伤。舟人楫师，推挽束缚，大寒之月，裸跣水中，饥冻有声，闻于终夜。予尝有愿，力及则救之。会昌四年，有悲智僧道遇，适同发心，经营开凿，贫者出力，仁者施财……"如他在《开龙门八节石滩诗二首·其二》中所写，七十三岁的白居易，仍是那个兼济天下的人。

七十三翁旦暮身，誓开险路作通津。

夜舟过此无倾覆，朝胫从今免苦辛。

十里叱滩变河汉，八寒阴狱化阳春。

我身虽殁心长在，暗施慈悲与后人。

这个春天，白居易到赵村赏杏花。

他写了首《游赵村杏花》。垂暮之年看花，不胜唏嘘。

他说：此番是来与花道别的。不无感伤。

赵村红杏每年开，十五年来看几回。

七十三人难再到，今春来是别花来。

会昌五年（845），七十四岁的白居易在履道里自家宅院举行"七老会"，与会者都年逾七十，有胡杲、吉皎、郑据、刘真、卢真、张浑和白居易，皆是当时耆宿。画工画了七人画像，白居易作《七老会诗》题于画上，记载了这场盛会：

> 七人五百七十岁，拖紫纡朱垂白须。
>
> 手里无金莫嗟叹，尊中有酒且欢娱。
>
> 诗吟两句神还王，酒饮三杯气尚粗。
>
> 巇峨狂歌教婢拍，婆娑醉舞遣孙扶。
>
> 天年高过二疏傅，人数多于四皓图。
>
> 除却三山五天竺，人间此会更应无。

同年夏，九十五岁的僧如满和一百三十六岁的洛中遗老李元爽参加了第二次聚会。画工画了两人画像，附在前次七老图的右侧，合称九老图。白居易照例题诗其上。

会昌六年（846）三月，唐武宗驾崩。他是唐朝自太宗、宪宗、穆宗之后，又一位因为服食丹药而死的皇帝。武宗驾崩后，唐宪宗李纯第十三子，唐穆宗李恒异母弟李忱由宦官马元贽等拥立，登基为帝，即唐宣宗。此时，白居易已在病中。

最后那几年，白居易整理了自己的文集，装订成七十五卷，共分为五部。一部交给了萝儿，一部交给了侄子，另外三部分别藏于洛阳圣善寺、庐山东林寺和苏州南禅院。

会昌六年（846）八月，白居易于洛阳病逝，享年七十五岁。他一生辗转沉浮，不完满，却足够丰盛。他是诗人，亦是白衣佛子。

自然，也是百姓心中的好官。去来早已看透，因此走得坦然，不惊不惧。

人生如梦，梦醒时分，人已在彼岸。

刹那浮生，总会在某个日子，关上红尘门扉，从此再无踪迹，恰似《花非花》所写。

花非花，雾非雾。夜半来，天明去。

来如春梦不多时，去似朝云无觅处。

其实，人生不过是，从来处来，到去处去。

出发的时候，已经开始走向归途。

那年十一月，白居易葬于洛阳香山。河南尹卢真刻白居易《醉吟先生传》于碑上，立于墓前。洛阳百姓及四方游人前来祭奠，络绎不绝。宣宗大中三年（849），宣宗赐白居易谥号“文”，并写诗《吊白居易》凭吊：

缀玉联珠六十年，谁教冥路作诗仙？

浮云不系名居易，造化无为字乐天。

童子解吟长恨曲，胡儿能唱琵琶篇。

文章已满行人耳，一度思卿一怆然。

数年后，一位诗人披着西风独自登上了香山。落木萧萧之下，他伫立在白居易的墓前，感慨万千。红尘之中，他们不曾有交集。但他立在那墓前，神色黯然，像是香山居士的知己。

他是李商隐。

他终生不得志，虚负凌云万丈才，一生襟抱未曾开。他为白居易写了墓志铭，带着崇敬和仰慕。

他和那个叫杜牧的诗人一起，擎起了晚唐诗的大厦。

诗的灯盏，始终未曾熄灭，是岁月之幸。

白居易如许多诗意翩跹的才子，在一场叫作人生的梦里，走走停停，饮酒写诗，心系苍生。然后，转身离去，两手空空。但他毕竟是诗人。他笔墨构筑的诗歌城堡，不曾被岁月掩埋。

后来的人们，说起大唐，总会想起他。

他来去匆忙，但青史和岁月，始终对他念念不忘。

世事沧桑，风花雪月，都有他的诗照料。

参考书目

1. 刘昫．旧唐书 [M]．北京：中华书局，1980．

2. 褚斌杰．白居易评传 [M]．北京：人民文学出版社，1980．

3. 王拾遗．白居易生活系年 [M]．宁夏：宁夏人民出版社，1981．

4. 陈友琴．白居易资料汇编 [M]．北京：中华书局，1962．

5. 文艳蓉．白居易生平与创作实证研究 [M]．上海：上海古籍出版社，2016．

6. 白居易．白居易诗集校注 [M]．谢思炜校注．北京：中华书局，2006．